# 僕が選んだ近代建築家50傑

建築芸術を愛した男の夢

# 序章　建築家の夢と人生の醍醐味 ⑦

# 第1章　世界の四大モダニズム巨匠たち ㉓

**Frank Lloyd Wright**

**01**

フランク・ロイド・ライト
1867.6.8〜1959.4.9 ㉔

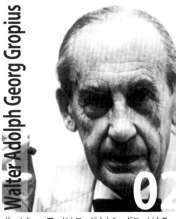

**Walter Adolph Georg Gropius**

**0**

ヴァルター・アードルフ・ゲオルク・グロービウス
1883.5.18〜1969.7.5 ㉚

**Ludwig Mies van der Rohe**

**03**

ミース・ファン・デル・ローエ
1886.3.27〜1969.8.17 ㉞

**Le Corbusier**

**0**

ル・コルビュジエ
1887.10.6〜1965.8.27 ④

2

# INDEX

ダニエル・
リベスキンド
**Daniel Libeskind**
1946.5.12 〜 ⑮⓪

アルベルト・
カンポ・バエザ
**Alberto Campo Baeza**
1946.10.14 〜 ⑮⑥

スティーヴン・
ホール
**Steven Holl**
947.12.9 〜

ジョン・
ポーソン
**John Ward Pawson**
1949.5.6 〜 ⑯④

ヘルツォーク
**Jacques Herzog**
1950.4.19 〜
& ド・ムーロン
**Pierre de Meuron**
1950.5.8 〜 ⑯⑧

ザハ・
ハディッド
**Zaha Hadid**
1950.10.31 〜
2016.3.31

サンティアゴ・
カラトラヴァ
**Santiago Calatrava**
1951.7.28 〜

ドミニク・
ペロー
**Dominique Perrault**
1953.4.9 〜 ⑱④

デイヴィッド・
チッパーフィールド
**Sir David Alan Chipperfield**
1953.12.18 〜

ニキータ・
ヤヴェイン
**Nikita Yavein**
1954. 〜 ⑲④

シェティル・トールセン
**Kjetil Trædal Thorsen**
1958.6.14 〜
& クレイグ・ダイカース
**Craig Dykers**
1961. 〜 ＊1 ⑲⑧

ヴィニー・
マース
**Winy Maas**
1959. 〜
＊

アレハンドロ・ガストン・アラベナ・モリ
**Alejandro Gastón Aravena Mori**
1967.6.22 〜 ㉒⓪⑥

トーマス・
ヘザウィック
**Thomas Heatherwick**
1970.2.17 〜 ㉒①⓪

ビャルケ・
インゲルス
**Bjarke Ingels**
1974.10.2 〜

アンドレイ・アダモヴィチ
**Andrey Adamovich**

& ダナ・マトコフスカヤ
**& Dana Matkovskaya** ㉒①⑧

＊1：この建築集団：Snøhetta
＊2：MVRDV 集団　ヤコブ・ファン・ライス
ナタリー・デ・フリイスと共に建築

# 第4章　日本の建築家  221

 槇　文彦
**Fumihiko Maki**
1928.9.6 〜 **41** 222

 原広司
**Hiroshi Hara**
1936.9.9 〜 **42** 226

 谷口吉生
Yoshio
Taniguchi
1937.10.17 〜 **43** 230

 安藤忠雄
**Tadao Ando**
1941.9.13 〜 **44** 234

 藤森 照信
Terunobu
Fujimori
1946.11.21 〜 **45** 238

 隈　研吾
**Kengo Kuma**
1954.8.8 〜 **46** 242

 團 紀彦
**Norihiko Dan**
1956.2.11 〜 **47** 246

 妹島 和世
**Kazuyo Sejima**
1956.10.29 〜 **48** 250

 藤本 壮介
**Sou Fujimoto**
1971.8.4 〜 **49** 258

 石上 純也
**Junya Ishigami**
1974.4.10 〜 **50** 262

# 建築家の夢と人生の醍醐味

　来年、僕は後期高齢者になる。人生を振り返ってみて、本書を執筆するのには理由がある。

　僕はいわゆる団塊の世代に育ち、良い意味での＜受験＞という競争社会を経験している。しかし高校生時代に、理科系か文科系か、進路に対して確たる目標がない。つまり自分が何に向いているのか？　向いていないのか？　そのために自分が良い成績を示すことができる科目は何か？　将来、何がやりたいのか？　全く確たるところもなく、父親が理科系以外に眼中にない状況下での固執にも影響され、さらに国語などが苦手で文章を書くこともできない実情があり、理科系に進んだ。

　今、文章も人並みに書けるようになったのは、文明の利器であるパソコンのお陰でもある。文章を書くなど、小学生時代の作文は＜面白い！＞と褒められたこともあったが、受験科目の国語の中で現代文解釈など全く頓珍漢だったので、あの頃は、法学部や文学部など、はなから無理だと思いこんでいた。

　まあ理科系に行けば、潰しはきくだろうし、当時の高度成長時代の中、エンジニアという言葉が一人歩きして恰好良く見えたということで、理科系を選んでしまった間違いは、人生を２年間＜無駄＞（長い目で見れば無

駄ではなかったが）にすることになったのだった。

　大阪大学理学部出身で化学系だった父親は当然、倅（せがれ）たる僕には、大阪大学であれ、京都大学であれ、理学部や工学部入学を期待したのだった。そんな中で実験もことさら興味もない、化学はその頃、暗記ものであり、社会系の科目と同じくらい暗記力がすべてだった。数学にしてもパブロフ犬のような条件反射の様に問題に慣れてくれば、これもパターンがわかれば問題は簡単に解くことができるという代物。唯一、思考力が必要な物理の科目に僕は苦労した。

　そんな苦い経験も踏まえ、次世代に進学で理系か文系かの相談を受ける場合、僕は躊躇なく物理が大好きでどんな応用問題も解ける自信があるものだけは理科系に行けと言う。それが僕の結論だ。多分当たっているだろう。僕の倅にも「物理は大丈夫か？　そうでなくては、理科系はしんどいよ」と確認したら、僕と異なり「自分には理科系以外考えられない」というから倅の一浪時代に安堵したものだ。

　僕と異なり、やるべきことや将来の仕事などがはっきりしており、「自分には商社マンや営業マンはできない」と言い切っていた。にもかかわらず僕自身は理科系といっても、何かその中に美学を、そして哲学をなどと、理科と文科の境界線の領域の中で、建築なるものを勉強しようかと、大きな誤算をしてしまったのである。

　第1章に、モダニズムの世界的立役者4人について書いているが、このあたりの人名くらいは高校生だった当時の僕でも知っており、その程度の知識を頼りに、工学部の建築学科を選んだとしたら、それが無謀な挑戦だと、後悔先に立たずといっても虚しく響くだけだろう！

　建築には設計から現場監督までの役割の選択はあるにせよ、どれもこれも僕には天賦の才能などなく、そもそも高所恐怖症で不器用な僕には無理だったのだ。そこで図面を書いても下手くそな（大時代の建築は烏口などで墨につけて描くのだ）図面は ABC 評価で E なる最低点だったこともあった。

　ちなみにその頃、ドイツのステッドラーのいう文具会社の製図ペンが出てきて烏口なる極度に難しい図面引きでなくとも、細い針金のようなペン

先から墨汁が出てくるものもあったが、烏口のような切れ味のある図面は無理であり、太さ、細さに応じて、ペン先をとてつもなく、多くの種類が必要だった。烏口とは器用な人だったら、自由自在に太さを調整できたのだ。

　教養課程でもこんな図学なる専門科目があって嫌だ嫌だと思いながら過ごし、途中、転部でどこか他の工学部の学科や文科系などを目指したが、一旦入った工学部を抜けるのも変えるのも至難の技で、結局、建築学の専門課程3年に進んだのだった。

　東大紛争・日大紛争などに続いて、約一年後、学生紛争がたけなわの京都大学、民青と全共闘が死闘を繰り広げる学内、建築学科は全共闘が跳梁跋扈し、四年生の時には彼らが建物を占領して建築科の授業はほとんどなかったと記憶する。僕は大学院入試試験を受けていないが、その当時受験した人によると、一同、過激派の攻撃を避けてバスをチャーターして、執拗な追跡を避けて、どこかのドライブ・インの駐車場で、あの狭いバスの席に座って答案作成したという。

　3年生の頃に受けた授業だったが、左翼系思想の西山夘三（にしやま うぞう、1911年3月1日 - 1994年4月2日）という教授が、庶民の生活実態を詳細に調査し、庶民が意図的・慣習的に住宅内で食事の場所と寝る場所を区分している生活実態を明らかにした。西山はこれを「食寝分離」とし、この住み方の法則を後の住宅計画において応用していった。

　ダイニング・キッチンなる言葉が好きな教授だったと思い出す。まさに建築とは庶民の生活のための空間であるとの所帯染みた左翼系にありがちな思想で、僕みたいな建築学科に入門した学生には、何か建築家は美しい建物を設計する、まさに美学を求めるという憧れが間違いだと気がついた最初だったかもしれない。

　しみったれた土地面積の枠内で設計課題を学生に与え、美学などとは程遠い、生活の場の設計。そんな所帯じみた建築など、そもそも建築家が設計する必要もなかろう、そんな設計や図面、アホらしくて描けるか！と思ったほどだ。庶民のための建築？？所帯染みた建築？？生活の匂いプンプンの建築？？今時の日本の野党や左翼が言いそうな＜生活が第一＞＜暮らし中心の政治＞などのスローガンとそっくりだ！

　京都大学の建築では、その頃、増田友也（ますだ ともや、1914 年 12 月 - 1981 年 8 月）がおり、西山の考えるような、左翼的発想の＜生活のための空間＞など存在しないと、揶揄していた記憶がある。彼は颯爽とジーンズ姿にいかにも芸術家風の雰囲気を発散しながら、当時最先端の格好良さ、まさにこれぞ意匠系建築家養成学校の教師という風情だった。

　まさに "痩身のダンディズム" の姿があった。彼の難解な思想には道元（正法眼蔵の時空のエッセンス）やらハイデッガーの存在論まで登場した。僕にはその頃は難解な授業であったが、＜語りまくる、良い意味でも悪い意味でも、先に言葉がありき＞という建築家の時代の草分けの 1 人だったのではないだろうか？

　増田の建築論（哲学）は、空間論―風景論―存在論から成り立ち、『建築以前（退官講義）』（1978 年）や『建築について』（1978 年）にまとめられるが、体系化に行き着く前に歩みを終えた感があり、その「思索の道 Lebenund Denkweg」こそが増田の独自性であると説いた学者もいる。

　海外から来た留学生にも、増田は日本建築の良さを懸命に伝えた。フランスのエコール・デ・ボザール（パリ国立高等美術学校）やスイス連邦工科大学などとの交換留学を始めたのも増田の功績の一つだ。

ちなみに増田が設計課題として出すのは＜鉄筋コンクリート造りの展望台を設計せよ＞。増田が基本と捉える打ちっ放しのコンクリートとキャンティ・レバーの基本、まさにモダニズムの基本を教えようとしていたのではないか？

　彼がいつも口癖のように言った、メジャーをポケットに入れて絶えず測りまくれ！そして寸法の実感を叩き込むのだ。という教えが僕の頭から離

れない。

　学問や設計以外の領域でも、増田は強烈な個性を放った。とりわけ６３年に教授になってからは、面白いエピソードに事欠かない。

" 増田伝説 " によると：

〜設計アトリエの地下にバーをつくったり、学生の車に「何人乗れるか実験しよう」と増田を含む十数人が乗って夜中にキャンパス内を走ったり。いずれも表ざたになり、教授会で大目玉を食らっている。大学の教員として生活費を稼ぐ傍ら、設計活動も行う「プロフェッサー・アーキテクト」だった増田は、入った設計料を惜しげもなく花街で散財した。学生たちを誘って祇園や先斗町に繰り出し、舞妓や芸妓を交えて談論風発。朝まで飲み歩くのもしょっちゅうだった。７８年３月の最終講義には、なじみの芸妓もたくさん来たという（２０１８年７月５日付『徳島新聞』「保存か解体か鳴門に残る増田建築〜人物像　同居する「聖」と「俗」）。

　まさに＜犬猿の仲＞（僕の勝手な決めつけかもしれないが、当然の推定の帰結と思う）の西山と増田、民青（日本共産党）と増田は左翼ではないがトロッキスト的自由奔放な全共闘の思想の差が典型的に顕れた当時の建築学科意匠系・計画系の構図だったと思い起こす。

　さて前奏はそれくらいにして、この本は僕の感性に響く世界の建築家を50人選んだ。まさに独断と偏見からだ！　４人の巨匠をまず第１章に捉えたのは、僕の建築美学の感性を、この４人の巨匠から得ているということだ。

　僕はあのバルセロナでガウディは興味を持って都度行くたびに見ているが、それは歴史的意味合いであって将来の建築としては好まない。直近のバルセロナと言えば 2020 年 2 月コロナが武漢で爆発した頃、カタロニア語を習得するために訪問しあのローエのパヴィリオンにて、長い時間 1 人で陶酔した。

　僕は大学で近代建築史を本格的に勉強したことはないのでモダニズム、新古典派、ポスト・モダン、脱構築主義などと系統的に捉えての建築家の選択ではない。当時からもっとも好きなファン・デル・ローエの Less is more. あの無駄のないまさに無駄や装飾を削り取った美の極致の系譜をもっとも好み、日本だとあの槙文彦の動画もつけたが、彼の作品には、無

駄や装飾を削って削って究極の美を求める姿勢が顕著な建築がほとんどを占めていると考える。そんな建築を愛するのが僕の好みだ。

　ロシアにもそんな建築家がおり、２例、取り上げている。装飾的な建築は僕の好みではない。構造上から必然的に出てくる美しさを求めるのを好む。そんな意味で日本の藤森や原や隈は当てはまらないが、やはりそれぞれの作品には洗練された哲学とエネルギーが個性的なので敢えて選んだ。海外も同様で豊富なカラーで民族色を出した建築家も構造的にエレガントであれは選択の対象である。レンゾ・ピアノのあのポンピドウ・センターからエルメス・銀座、彼の作品は本当に凄いと思う。

　一方で I.M. ペイの作品の数々、とりわけピラミッドは僕が愛してやまないパリの最高の建築だ！下手に東洋の香りなど一切ないペイの意匠は僕のもっとも好きな建築家の５指には入るだろう。その他オスロを訪問した時みたあのオペラ・ハウスそれはトールセンが主宰するスノヘッタ集団の素晴らしさ。北欧建築は洗練された建築の宝の山といえる。
　そして、本書に一筆書いていただいた團紀彦氏の台湾における空港や人工湖に建てられた素晴らしい建築の数々、ペイと同じくまさに洗練の極致で、團家のブラッド・ラインである父：團伊玖磨（作曲家）曽祖父：團琢磨（実業家）大叔父：團勝磨（生物学者）の天才性を感じるのだ！

　さて僕自身、当初の建築を選ぶ理由の＜美学の上での意匠系に進む＞ことは、天賦の才能から不可能と判断して、構造系に進んだ。だったら構造系の話を書いたらどうなんだと言われそうだが、この本が僕の人生の記録本の一つとして残したいものの１冊であること、すでに映画評論家としての映画本は２冊、キリスト教研究の成果として（60歳を過ぎて上智大学大学院前期博士課程で修士号を取得、その後パリ・カトリック・大学院に遊学）４冊、東京五輪について観戦記１冊があるが、ある意味で墓石代わりの僕の生き様の記録である。
　僕が還暦を過ぎた初老の頃、住友信託銀行の社長・会長を長く勤められた故・桜井修氏と、親子の年齢差にも関わらず、映画を通して交流を始め、人生最後（氏のご友人がほぼお亡くなりになり、僕が自分の知り合う最後という意味）の友と言ってくださった。遠藤周作が述べた人生は一幕二場

たる＜生活の場と人生の場＞の後者を氏に当てはめると、まさに財界人の週末ゴルフよりも週末映画館へ行くことを楽しみとされた異色の財界人である。

　桜井氏が墓石として著書を書きたいというのをお手伝いさせていただいた経験より、本書も夢多き、過去の記録として、僕にとって墓石としたい気持ちが募り、身分も弁えず、それを見習いたいと、若い頃、理想の生き方として求めた＜建築家＞への思いを、生涯建築を美学的に見ることを趣味とした僕の建築家への憧れを、本書にて書き残したいと考えたのだ！

　京都大学建築学科卒業者として繰り返すが、当時の僕は、意匠系はとても不可能なので構造系に進んだ。ここに当時の事実を書いて置くのが良いと思った。とりわけ耐震構造は東京大学も京都大学と双璧の良きライバルでもあった。

　ついでながら構造系の良きライバルと言える東京大学と京都大学のその道の雄（東大系 2 人と京大系 1 人）の系譜は下記の通り：

棚橋 諒（タナハシ リョウ）明治 40(1907) 年 3 月 2 日〜昭和 49(1974) 年 5 月 5 日
昭和期の建築学者 京都大学名誉教授。
静岡県出身
学歴　京都帝国大学建築学科〔昭和 4 年〕卒
学位　工学博士〔昭和 11 年〕
経歴鉄骨構造学の権威として、超高層建築の構造理論を支える柔構造の理論を展開した。外務省勤務、神戸高工講師を経て、昭和 26 年京大工学部教授、34 年同防災研究所長を兼務。38 年から 39 年にかけて、日本建築学会会長を務めた。東畑謙三と共同設計した京大人文科学研究所の建物が有名。

武藤清（ムトウ　キヨシ）明治 36(1903) 年 1 月 29 日〜平成 1(1989) 年 3 月 12 日
昭和期の建築学者 武藤構造力学研究所所長；東京大学名誉教授。
茨城県出身
学歴　東京帝国大学工学部建築学科〔大正 14 年〕卒
学位　工学博士

経歴は、関東大震災直後から耐震構造の研究を始め、強震計や専用計算機を開発、この結果 "柔構造" 理論を生み出す。昭和2年東京帝大助教授、10年教授、35年工学部長を歴任。38年東大退官後は鹿島建設副社長となり、43年日本初の超高層ビル、霞が関ビルを設計、完成に導いた。ついで世界貿易センタービルも設計。38年国際地震工学会初代会長。44年武藤構造力学研究所長。他に日本建築学会会長をはじめ数多くの役職を歴任。54年文化功労者、58年文化勲章受章。著書に「構造設計法」など。

　一方、東京大学の構造系は武藤清名誉教授であり、数多くの耐震構造の弟子たちを生んだ。
　さらに、武藤清とほぼ同時期に東京大学構造系では和歌山県出身の坪井善勝（ツボイ　ヨシカツ、1907年〈明治40年〉5月27日 - 1990年〈平成2年〉12月6日）輝く存在があり、日本の構造家。建築構造学者、シェル構造研究の第一人者であり、構造デザイナーとしても優れた作品を残す。田治見宏、青木繁、若林實、川口衞など数多くの弟子を育てた。
　1968年、東京大学退官後は同校名誉教授、日本大学教授、早稲田大学客員教授、足利工業大学顧問教授。1974年には清水建設技術顧問、また国際シェル・空間構造学会会長・名誉会員、建築工学研究会理事長となり、1980年に株式会社坪井善勝研究室を設立。
　国立屋内総合競技場、東京カテドラル聖マリア大聖堂、愛媛県民館、万博お祭り広場などの丹下健三の作品は坪井の構造設計に負うところが大きい。まさに簡単に言えば、独創的建築家たちが、坪井の頭脳を以って難解な構造をデザインすることができたのだ。在米の後述の日系二世ミノル・ヤマザキも同様坪井の支えがあって、氏の傑作と言われる "神慈秀明会ホール" の意匠を完成できたのだ。

　さて京大系と東大系の構造系の差はどこにあるのかという点は、京大系の構造は無手勝流とも言える自由な発想・手法を、東大系は官庁との関係が影響するのか、規制やルールの作成や適用にこだわる点だと言えるではないかと京大系構造設計実践者は語る。それは難題についてのアプローチの違いではないかと、僕は想像するが、いわゆる権威主義の東大と自由な学風の京大という "古き良き時代" のレッテルはあまり、当時はともかく

現在には通用しないと、僕は考えるがどうか？・・・少なくとも僕がその後進んだ東大経済学部においては京大経済学部の方がよほどマルクス主義へのこだわりがあり権威主義的だったと記憶する。

さて、僕は建築科学生時代、棚橋 諒名誉教授の弟子たちに構造系を学んだ。研究室の金多潔元京都大学教授はこの系譜だ。ちなみに金多先生は：
1981 年 BCS 賞
1995 年 日本建築学会賞（業績）「歴史的建造物の保存修復に関する一連の業績」（付録 1）
2016 年 日本建築学会賞大賞「耐震工学と鉄骨構造学の学術的発展ならびに文化財建造物の保存修復・復元技術の高度化による建築界への貢献」
1016 年日本建築学会大賞のインタビュー（聞き手：門内輝行）
https://www.youtube.com/watch?v=WjX8rd6Anmk

略歴
1953 年京都大学工学部建築学科卒業。
1959 年米国スタンフォード大学大学院修了。
1959 年京都大学防災研究所助教授、1964 年京都大学工学部助教授。
1965 年京都大学工学部教授。鉄骨構造学講座の初代教授に就任。

大学で教育の傍ら鋼材や溶接接合部の低サイクル疲労、溶接残留応力、歪速度効果を考慮した鋼材特性の研究を推進。超高強度鋼やステンレス鋼の利用技術を開発した。X線回折法や磁気歪効果等の物理工学的手法を用いた構造物の実応力測定やミクロな塑性変形の非破壊測定などの研究成果を上げた。
1994 年同大学を退官し、名誉教授。その後も文化財建造物の保存修復・復元事業への技術指導を行っている。

　金多先生のご子息は現在京都大学工学部の建築学科教授（金多研究室）である。：
1970 年京都府生まれ。専門は、建築経済、プロジェクト・マネジメント、建築生産。建築プロジェクトのマネジメント技術、事業計画と発注者組織、維持管理とプロパティ・マネジメント、日

本型建築生産システム、建築生産とイノベーション、BIM の活用戦略といった研究テーマに取り組む。

1992 年 3 月　東京大学工学部建築学科卒業
1997 年 3 月　京都大学工学研究科建築学専攻博士課程修了

　親子二代の建築系の教授であり素晴らしい快挙、つくづく尊敬する。

　さて最後に、この本を完成するにあたって、全く水と油の＜迷える羊＞の訳のわからない僕のことを、気持ちよく金多研究室に受けて入れていただき、2 年の京大専門過程である建築科での勉学生活を自由で寛容ある御心でご指導いただいたこと、金多先生の寛容のお気持ちがなければ、あの時のドラスティックな人生進路を変えることはなかっただろうと思うと感謝にたえない。

　先生は僕が東京大学経済学部に学士入学できたことを心から祝福いただき、その後も、現在に至るまで僕の人生の建築の美学への夢の心を先生の寛容な心と重ね合わせているからだ。この本に先生が日本建築学会賞を 1995 年受賞された論文を付録として添付した。

　金多先生は構造設計のプロフェッショナルと理解していたが、実は実際意匠設計もなさりたかったのか、島根県に美術館を設計されて、評判になっているという話を聞いた。金多先生も青春時代、いわゆるデザイナーとしくの建築家を夢見ておられたのかなどというとお叱りを受ける覚悟で先生の作品を披露する次第：
http://www.sekisho-art-museum.jp/information
http://www.sekisho-art-museum.jp

　聞くところによると先生は奥様とともに各国の美術館巡りをされ、そしてその上で先生のお好きなロマネスク調の石正美術館を設計されたと聞いた。
　金多先生の研究室で、僕の一年先輩だった、立石一氏（株式会社立石構造設計代表取締役）は日本の文化遺産を永久に日本文化の誇りとして残

スマホで関連サイトを閲覧できます

すために、恩師金多先生と構造的修復・補強の専門家として大活躍されている。

　本書を締めくくるに当たって、9月初め京都に出向き、立石氏より当時の状況を確認、そして立石氏が30年以上構造分野の設計で活躍されその中で数多くの、文化遺産の修復や補強工事についてのお話など、久しぶりに二日間旧交を温めた。

　立石氏の人生は大手建設会社の構造設計の部門に修士課程修了後就職されたが、数年後大志を抱き大決断され、自立自存の構造設計事務所を設立され、それを発展させ、今やニッチな世界である文化財保存分野で日本屈指の設計事務所に育て上げられた、その勇気を常々尊敬しているが、エッセー『興福寺中金堂の構造設計に参加して』を寄稿していただいた。それについての説明と、歴史的文化財に修復・保存について同氏の活躍されているプロジェクトを説明していただき、昔話や人生をお互い語り合った。

　同氏が主宰される事務所の有能なリケジョ・スタッフ（理系女子スタッフ）との昼食を挟んだ懇談も含め、楽しく有意義な時間を過ごすことができた。

　また、建築家・團紀彦氏には、僕が主宰している勉強会「平河サロン」第125回 (2007/02/20) に「建築 x 都市 x 環境」氏を講師としてお呼びしてお話し願ったことがある。台湾の飛行場設計のお話など、当時小説家デビューされた小説「るにんせん」( 新風舎 ) についてのお話に会場は沸いた記憶がある。それ以来、團氏の数々の洗練された設計作品に感嘆している。團氏は設計の傍ら、建築論・都市論を通じて、建築や都市について、あるべき姿を探求されている。

　團紀彦氏は槇文彦氏に東大大学院で師事された、いわばお弟子さんであり、槇氏は僕の美意識から最も尊敬する日本の建築家の筆頭格である。その團氏が本書に関して、寄せていただいたドローイングが素晴らしく、建

築意匠を学ぶ者の必須的基本的能力でもあるので、團氏の大学院時代に理想の"建築家のあるべき姿"の原点とも言えるので、ここに紹介を兼ねてそのままここに転載させていただく。

「私が東大建築学科の学部を卒業して米国イェール大学に留学するまでの三年間、大学院で槇文彦に師事し、師の研究室に在籍した。このドローイングは修士設計として提出したもので、代官山ヒルサイドテラスの設計が「ジャズのアドリブのように」設計したとのコメントに触発されて描いたものだ。都市は多元的で未完結なもので生成変化し続けるものといった考え方を表したもので私の建築と都市の出発点になった。」

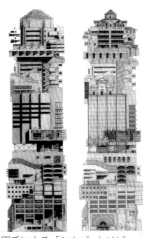

團氏による「シカゴ・トリビューン・タワーの為の習作。「多元的な都市観」

　團氏は、黒川紀章氏や槇文彦氏が提唱した時から半世紀以上を経て価値観やIT情報化思考など社会構造の抜本的変化に対応すること、それはもう一度、しっかり地に足をつけて、＜共生の思想＞としての、新たなパラダイム、いわば新しいメタボリズム展開を常に思索されている。そのお考えの要点の開示と、さらに氏のお考えの共生に関するイメージの数々のデッサンや、さらには帯にあるお祝いのメッセージとして、過分なお言葉ではあるが、本書に頂戴して、恐縮している。

「奥山篤信氏とは十数年前にある勉強会でお会いした。以来、氏が類い稀な知識と感性をもとに世界の建築を収録した本をまとめていたことを知っ

た。建築家の考え方に対する洞察と、実地に歩いて建築を見る眼差しにこれまでにないヴィジョンと迫力があり、世界の建築文化に貢献する本書の完成に祝福を贈りたいと思う。團紀彦」

團紀彦氏から、このようなお祝いの言葉を頂いて、ご縁の有り難さを痛感した。ありがとうございます。

最後に本書の出版にあたって、春吉書房の間一根社長、本のカバー、組版などレイアウト考案に協力して頂いた佐伯正繁氏に感謝申し上げる。

次ページに僕の京都大学工学部建築学科の四年間の成績表を貼り付けた。当時の教養課程、専門課程としての建築学科のカリキュラムがどのようなものか、参考までに添付したものであって筆者の成績評価などは本著書の本質論議とは関係ない。ただ下記の通り、当時授業から注目すべき2人の教師について、コメントする。

1. フランス語単位 " 優 "：生田 耕作（いくた・こうさく、1924 ～ 1994)
フランス語の教師だった。当時の京都大学文学部仏文学科卒で、セリーヌの『世の果ての旅』翻訳など三島由紀夫が絶賛した。京大教授（名誉教授）で、フランスのジョルジュ・バタイユの研究で日本の第一人者だった。https://ja.wikipedia.org/wiki/ 生田耕作　　僕のフランス語の教養がその後５０年以上続いていることは僕の誇りだ。

2. 自然科学数学 B 単位 " 良 "：西野利雄（にしの・としお、1938 ～ 2005)
当時、理学部数学科の教師だった。岡潔の弟子で、多変数（複素）関数論が専門。学科での試験問題が腰を抜かすほど＜想定外＞で、ユニークな記憶がある。＜こんな易しい問題を君たち何故出来ないのだ！＞と言いながら、試験結果に下駄を履かせてくれる皮肉屋だが人情味溢れる先生。のちの九州大学教授（名誉教授）に転出。エピソードとして、＜数学の研究はソファーに寝転がってやるもんだ！＞と言い、実践していた。

なお、以下の各章の文中は、敬称を省略した。また、各章に添付したサイトは変更になる可能性があることを付記する。したがって QR コードからサイト接続が不可となる場合がありうる。人物や建物の写真は必要につき、各サイトからそれぞれ引用した。

# 学業成績証明書

| 建築学科 | 氏名 | 奥山　篤信 | 昭和 41 年 4 月 1 日 入学<br>昭和 45 年 3 月 31 日 卒業 |

| 一般教育科目 | 成績 | 単位 | 一般教育科目 | 成績 | 単位 | 専門教育科目 | 成績 | 単位 |
|---|---|---|---|---|---|---|---|---|
| （人文科学） | | | 基礎教育科目 | | | 必修科目 | | |
| 論理学 | 良 | 4 | 数学C | 優 | 6 | 建築概論 | 優 | 2 |
| 西洋史学 | 良 | 4 | 数学演習 | 合格 | 2 | 建築一般構造 | 優 | 1 |
| 世界史 | 良 | 4 | 物理学C | 優 | 2 | 建築計画学 | 良 | 1 |
| 社会学 | 良 | 4 | 物理学実験 | 良 | 2 | 住居論 | 優 | 1 |
| | | | 力学C | 優 | 2 | 建築史第一 | 優 | 2 |
| （社会科学） | | | 力学演習 | 合格 | 2 | 設計演習第一 | 良 | 2 |
| 法学 | 可 | 4 | 化学C | 可 | 2 | 設計演習第二 | 良 | 8 |
| 日本国憲法 | 可 | 4 | 化学実験 | 優 | 2 | 建築環境工学第一 | 優 | 2 |
| 政治学 | 良 | 4 | 図学C | 良 | 2 | 建築環境工学第二 | 優 | 1 |
| 教育学 | 可 | 4 | | | | 空気調整工学 | 良 | 1 |
| | | | | | | 建築構造力学第一 | 優 | 2 |
| （自然科学） | | | | | | 建築構造力学第二 | 優 | 2 |
| 数学B | 良 | 4 | | | | 鉄筋コンクリート構造 | 可 | 1 |
| 物理学B | 可 | 4 | 専門教育科目 | 成績 | 単位 | 鉄骨構造第一 | 優 | 1 |
| 化学B | 優 | 4 | | | | 構造材料概論及実験 | 優 | 1 |
| | | | 選択科目 | | | 建築基礎工学 | 優 | 1 |
| | | | 工業数学B第一 | 良 | 2 | 設計演習第三 | 可 | 7 |
| 外国語科目 | | | 測量学概論及実習 | 優 | 2 | 給排水設備 | 優 | 1 |
| 英語 | 優 | 8 | 建築史第二 | 優 | 1 | 建築環境及設備演習 | 優 | 1 |
| フランス語 | 優 | 8 | 建築史第三 | 優 | 1 | 建築電気設備 | 優 | 1 |
| | | | 建築行政 | 可 | 1 | 建築施工 | 良 | 1 |
| | | | 建築材料学 | 良 | 1 | 構造学演習 | 優 | 2 |
| 保健体育科目 | | | 地域計画 | 優 | 1 | 構造学演習 | 優 | 2 |
| 保健体育講義 | 良 | 2 | 耐風工学 | 優 | 1 | 特別研究 | 合格 | 5 |
| 保健体育実技 | 優 | 2 | 建築構造力学第三 | 可 | 1 | | | |
| | | | プレストレスト・コンクリート構造 | 優 | 1 | | | |
| | | | 耐震構造 | 良 | 1 | | | |
| | | | 鉄骨構造第二 | 優 | 1 | | | |
| | | | 一般電気工学A | 優 | 1 | | | |

履修した科目の成績を分けて優、良、可、とする。　　　（評価基準、優80点～100点<br>良70点～79点、可60点～69点）

上記の通り相違ないことを証明する。

平成 23 年 7 月 4 日
## 京都大学工学部長　　　　小　森　悟

21

# 世界の四大モダニズムの巨匠たち

　モダニズム建築（Modern Architecture）または近代建築は、機能的、合理的な造形理念に基づく建築である。産業革命以降の工業化社会を背景として19世紀末から新しい建築を求めるさまざまな試行錯誤が各国で行われ、1920年代に機能主義、合理主義の建築として成立した。

　19世紀以前の様式建築（歴史的な意匠）を否定し、工業生産による材料（鉄・コンクリート、ガラス）を用いて、それらの材料に特有の構造、表現をもつ。

　グロピウスのバウハウス校舎（1926年）、ミース・ファン・デル・ローエのバルセロナ・パビリオン（1929年）、ル・コルビュジエのサヴォア邸（1931年）などが代表的な作品である。

　西洋建築の模倣から始まり、独自の発展を遂げた日本の近代建築に大きな影響を与えたフランスの建築家は、ル・コルビュジエ（1887年〜1965年）だ。ル・コルビュジエのパリのアトリエで学んだ3人の弟子たち、前川國男、坂倉準三、吉阪隆正など。日本におけるル・コルビュジエ唯一の実作「国立西洋美術館」の建設経緯と建築の魅力を通して、ル・コルビュジエが思い描いていた「無限成長美術館」の思想がある。ル・コルビュジエの作品と思想が、当時の日本の建築界において大きな影響を与え、受け入れられていったか極めて興味ある事実だ。

　1920年代頃からコルビュジエが日本で紹介され始め、ル・コルビュジエの「300万人のための現代都市」計画案に感銘を受けた、建築家の中村順平が提唱した「大都市東京復興計画」などがある。

　さらにコルビュジエは丹下健三、槇文彦、磯崎新、伊東豊雄、安藤忠雄といった、日本建築界を代表する巨匠建築家達の作品に大きな影響力を与えた。丹下健三はまさに建築家の道を選んだのはコルビュジエだと自称していた。

# フランク・ロイド・ライト

1867 年 6 月 8 日〜 1959 年 4 月 9 日

国　籍 ● アメリカ合衆国
出身校 ● ウイスコンシン大学マディソン校土木科中退
受　賞 ● RIBA ゴールドメダル（1941 年）
　　　 ● AIA ゴールドメダル（1949 年）

# Frank
# Lloyd Wright

## 設計作品

| | | |
|---|---|---|
| 1889 年 | ライト自邸と事務所 | オークパーク　イリノイ州 |
| 1894 年 | ウィンズロー邸 | リバー・フォレスト　イリノイ州 |
| 1903 年 | ラーキン・ビル | バッファロー　ニューヨーク州 |
| 1906 年 | ロビー邸 | シカゴ　イリノイ州 |
| 1908 年 | ユニティ・テンプル | オークパーク　イリノイ州 |
| 1913 年 | ミッドウェー・ガーデン | シカゴ　イリノイ州 |
| 1914 年 | タリアセン | スプリング・グリーン　ウィスコンシン州 |
| 1917 年 | バーンズドール邸 | ロサンゼルス　カリフォルニア州 |
| 1917 年 | 旧林愛作邸 | 世田谷区 東京都 |
| 1923 年 | 帝国ホテル | 千代田区 東京都 |
| 1923 年 | ミラード邸 | パサデナ カリフォルニア州 |
| 1923 年 | 旧山邑邸 | 芦屋市　兵庫県 |
| 1926 年 | 自由学園明日館 | 豊島区　東京都 |
| 1925 年 | タリアセン III | スプリング・グリーン　ウィスコンシン州 |
| 1926 年 | ビルトモア・ホテル | フェニックス　アリゾナ州 |
| 1936 年 | カウフマン邸／落水荘 | ミル・ラン　ペンシルベニア州 |
| 1936 年 | ジェイコブス邸 | マディソン　ウィスコンシン州 |
| 1937 年 | ジョンソン邸 | ウィンド・ポイント ウィスコンシン州 |
| 1937 年 | タリアセン・ウエスト | スコッツデール　アリゾナ州 |
| 1939 年 | ジョンソンワックス社事務所棟 | ラシーン ウィスコンシン州 |
| 1944 年 | ジョンソンワックス研究所棟 | ラシーン ウィスコンシン州 |
| 1948 年 | 旧モリス商会 | サンフランシスコ　カリフォルニア州 |
| 1951 年 | ユニテリアン教会 | ショアウッド・ヒルズ　ウィスコンシン州 |
| 1953 年 | プライスタワー | バートルズビル オクラホマ州 |
| 1956 年 | ギリシア正教教会 | ウォーワトサ　ウィスコンシン州 |
| 1956 年 | ベス・ショーロム・シナゴーグ | エルキンズ・パーク ペンシルベニア州 |
| 1959 年 | グッゲンハイム美術館 | ニューヨーク ニューヨーク州 |
| 1963 年 | マリン郡役所 | サンラフェル　カリフォルニア州 |
| 1937 年 | アリゾナ州立大学記念劇場 | テンピ　アリゾナ州 |

ニューヨークのグッゲンハイム美術館
©ourlifeisajourney.net

日本にも数々の建築を残した建築家として有名だ。とてもすっきりとした品格のあるデザインで永遠の美学を備えていることは間違いない。この動画は日本語でまとまっている。

https://youtu.be/C9MPWtD30m4

彼はさらに数々の名言を残しているが、ここに彼の建築哲学があるので列挙する

### 有機的建築 organic architecture

"建築"が本質的なものだからこそ、
それが有機的であるというのだ。
"The Living City", Horizon Press,New York,1958
"純粋な建物"であることが、建築が"有機体"であるべきことを示している。

「全体が部分に対してあるごとく、
部分が全体に対してある」ことに根ざして。
"生きたもの"であり得るのは、そのような実在だけだ。
"A Testament",Horizon Press,New York,1957

### 形と機能　form and function

"有機的"であるために今われわれが学ぶべきことは、
形と機能が"1つ"である、ということの"理解"である。
"The Living City", Horizon Press,New York,1958

### 構造　structure

形態は構造の必然の結果である。
形態なしに構造はなく、構造なしに形態はない。
"Architecture and Modern Life", Harper & Brothers Publishers, NewYork, 1937

## デザイン　design

内的な真実を最も豊かに明らかにするデザインが、
最良のデザインである。
"A Testament",Horizon Press,New York,1957

フランク・ロイド・ライトは、建築におけるあらゆる造形の本質は " 自然 "
と人の " ライフ " より学ぶべきものと考えていた。それが有機的建築に至
る思想の根底でありかつ、揺るぎない理想だ。
そうした理念が伝わる言葉は以下の通り。

## 自然 nature

劣った精神は、比較だけによって解釈する。
優れた精神は分析、即ち自然の探求によって解釈する。
"A Testament",Horizon Press,New York,1957

## 大地　earth

建築とは、人が自らの大地を持つための、
素材や方法そして人を超えた、人間の想像力の勝利である。
The Logic of Contemporary Architecture as an Expression of Age, The
Architectural Forum, May 1930 "The Collected Writings of Frank Lloyd
Wright",B.B. Pfeiffer ed., 5volumes,Rizzoli, New York 1992-1995

## 自由　freedom

解放〈liberty〉は、許され与えられるかもしれない。
しかし自由 (freedom) は、与えられるものではない。
自由は内からのものだ。
"A Testament",Horizon Press,New York,1957

## ライフ life

人間の生活の表現こそが、世界が必要とするものであり、
民主主義が保持すべきものである。
そのような生活に根を下ろし、
人間の思惟において成長し美しく展開する表現。
内的原理に従って、太陽に魅せられながら、
偉大な樹木がその土壌から大気に向かって育つのと同様に。

In the Cause of Architecture V: The New World, The Architectural Record,
October 1927, "The Collected Writings of Frank Lloyd Wright",B.B. Pfeiffer ed.,
5volumes,Rizzoli, New York 1992-1995

## 建築家 architect

「芸術家 - 建築家 (artist-architect) は、
自然の本性 (the nature of the Nature) に対する愛によって
鼓舞された人であり、
人間が建築のために作られたのではなく、
建築が人間のためにつくられたことを知る人である。

"A Testament",Horizon Press,New York,1957

https://www.architecturaldigest.com/gallery/frank-lloyd-wright-buildings-south

スマホで関連サイトを閲覧できます

# ヴァルター・アードルフ・ゲオルク・グローピウス

1883 年 5 月 18 日〜 1969 年 7 月 5 日

国　籍 ● ドイツ国→アメリカ合衆国
出身校 ● ベルリン工科大学　他卒業
所　属 ● ペーター・ベーレンス (1908 - 1910)　TAC (1945 - 1969)
受　賞 ● RIBA ゴールドメダル (1955)
　　　　● AIA ゴールドメダル (1959)

# Walter Adolph
# Georg Gropius

## 設計作品

　モダニズム三大巨匠としての建築家を紹介することもあるが、やはりバウハウスの創立者を紹介しないと近代建築は語れないだろう。

近代建築の四大巨匠（ル・コルビュジエ、フランク・ロイド・ライト、ミース・ファン・デル・ローエと共に）の一人とされる。世界的に知られた教育機関（学校）である「バウハウス」の創立者であり、1919 年から 1928 年まで初代校長を務めた。

（注）バウハウス（Bauhaus, バオハオスとも）は、1919 年、ドイツ国・ヴァイマルに設立された、工芸・写真・デザインなどを含む美術と建築に関する総合的な教育を行った学校。また、その流れを汲む合理主義的・機能主義的な芸術を指すこともある。学校として存在し得たのは、ナチスにより 1933 年に閉校されるまでのわずか 14 年間であるが、その活動は現代美術に大きな影響を与えた。バウハウスはドイツ語で「建築の家」を意味する。

　中世の建築職人組合であるバウヒュッテ (Bauhütte, 建築の小屋 ) という語をヴァルター・グロピウスが現代風に表現したものである。ヴァイマルのバウハウスは閉鎖され、1925 年にデッサウに移転し、「市立バウハウス・デッサウ」となった。

　デッサウの校舎はグロピウスの設計によるもので、モダニズム建築の代

バウハウス デッサウ校舎 ©worldheritagesite.xyz

表作として各国に紹介された。グロピウスは1928年に校長を退き、グロピウスの後継者にはハンネス・マイヤーが指名された。

グロピウスの作品は下記参照：
https://webdesignmagazine.net/walter-adolph-georg-gropius/
https://www.youtube.com/watch?v=oqK5K6qFJuI

### グロピウスの名言

全ての見える芸術の行動の極限は建設にあるのだ！
建築家、画家、彫刻家はその建物の詳細パーツを含め全体的にその複雑なファサードを知り、理解できるべくもう一度学習せねばならない。

その時やっと、自分から、
サロン芸術で失われた建築精神に
自分たちの仕事を満たすことを覚えるのだ。
職人と芸術家の間の傲慢な壁を作り上げるような
差別意識を持つことなく、
職人としての新しいギルドを築き上げようじゃないか！
全て一つのフォーム（建築と彫刻と絵画を）に
まとめるように構成されるような
未来の建設を探求し、
工夫することをみんなでやろうじゃないか！

The ultimate goal of all visual artistic activity is construction! Architects, painters and sculptors must learn again to know and understand the multifaceted form of building in its entirety as well as its parts. Only then will they of their own accord fill their works with the architectonic spirit they have lost in the art of the salon. Let us establish a new guild of craftsmen without the presumption of class distinctions building a wall of arrogance between craftsmen and artists. Together let us call for, devise and create the construction of the future, comprising everything in one form: architecture, sculpture and painting."— Walter Gropius Manifesto (1919) Art, Understanding, Learning, Future 1 „A modern, harmonic and lively architecture is the visible sign of an authentic democracy." —
— Walter Gropius Manifesto (1919) Art, Understandinq, Learning, Future 1 より

現代の調和的そして活き活きとした建築とは
本物の民主主義の可視的な徴である。

A modern, harmonic and lively architecture is the visible sign of an authentic democracy.

スマホで関連サイトを閲覧できます

# ミース・ファン・デル・ローエ

1886 年 3 月 27 日 ～ 1969 年 8 月 17 日

国　籍 ● ドイツ（1886 年 ～ 1944 年）アメリカ合衆国（1944 年 ～ 1969 年）

出身校 ● 職業訓練学校（製図工）

受　賞 ● プール・ル・メリット勲章（1959 年）

● RIBA ゴールドメダル（1959 年）

● AIA ゴールドメダル（1960 年）

● 大統領自由勲章（1963 年）

● AIA ゴールドメダル（1949 年）

# Ludwig Mies van der Rohe

## 設計作品

| | | |
|---|---|---|
| リール邸 | 1907 年 | ポツダム |
| ペルルス邸 | 1911 年 | ベルリン |
| ヴェルナー邸 | 1913 年 | ベルリン |
| ウルヴィッヒ邸 | 1917 年 | ポツダム |
| ケンプナー邸 | 1922 年 | ベルリン |
| アイヒシュテット邸 | 1922 年 | ベルリン |
| フェルドマン邸 | 1922 年 | ベルリン |
| ライダー邸 | 1923 年 | ヴィースバーデン |
| モスラー邸 | 1926 年 | ポツダム |
| アフリカ通りの集合住宅 | 1927 年 | ベルリン |
| ヴァイセンホーフ・ジードルング | 1927 年 | シュトゥット |
| バルセロナ・パビリオン | 1929 年 | バルセロナ |
| ランゲ邸とエスタース邸 | 1930 年 | クレーフェルト |
| トゥーゲントハット邸 | 1930 年 | ブルノ チェコ |
| レムケ邸 | 1932 年 | ベルリン |
| フェルサイダック社絹工場 | 1936 年 | クレーフェルト |
| イリノイ工科大学鉱物金属研究棟 | 1943 年 | シカゴ |
| イリノイ工科大学工学研究棟 | 1945 年 | シカゴ |
| イリノイ工科大学同窓会館 | 1946 年 | シカゴ |
| イリノイ工科大学ウィシュニック・ホール | 1946 年 | シカゴ |
| イリノイ工科大学ペルスタイン・ホール | 1946 年 | シカゴ |
| プロモントリィ・アパートメント | 1949 年 | シカゴ |
| イリノイ工科大学ボイラー棟 | 1950 年 | シカゴ |
| イリノイ工科大学ガス工学研究所 | 1950 年 | シカゴ |
| シェリダン-オークデイル・アパートメント | 1951 年 | シカゴ |
| レイクショア・ドライブ・アパートメント | 1951 年 | シカゴ |
| アルゴンキン・アパートメント | 1951 年 | シカゴ |
| ファンズワース邸 | 1951 年 | プレイノ |
| ロバート・H・マコーミック邸 | 1952 年 | エルムハースト　現エルムハースト美術館 |
| イリノイ工科大学機械工学棟 | 1952 年 | シカゴ |

| | | |
|---|---|---|
| イリノイ工科大学 カー・メモリアル・チャペル | 1952 年 | シカゴ |
| イリノイ工科大学 アメリカ鉄道協会事務棟 | 1953 年 | シカゴ |
| イリノイ工科大学 カルマンホール | 1953 年 | シカゴ |
| ヒューストン美術館カリナンホール | 1954 年 | ヒューストン ア |
| イリノイ工科大学カニンガムホール | 1955 年 | シカゴ |
| イリノイ工科大学ベイリーホール | 1955 年 | シカゴ |
| イリノイ工科大学学生食堂 | 1955 年 | シカゴ |
| イリノイ工科大学クラウンホール | 1956 年 | シカゴ |
| エスプラネード アパートメント | 1956 年 | シカゴ |
| コモンウエルス・プロムナード・アパートメント | 1956 年 | シカゴ |
| イリノイ工科大学物理学・電気工学研究棟 | 1957 年 | シカゴ |
| イリノイ工科大学シーゲル・ホール | 1957 年 | シカゴ |
| シーグラム・ビルディング | 1958 年 | ニューヨーク |
| ヒューストン美術館 キャロライン・ワイス・ロウ棟 | 1958 年 | ヒューストン |
| 1959 ニコレット・プレイス | 1959 年 | デトロイト |
| パビリオン&コロネード・アパートメント | 1960 年 | ニューヨーク |
| バカルディ・ビル | 1961 年 | メキシコシティ |
| ハイフィールド・ハウス・アパートメント | 1961 年 | ボルチモア |
| ワン・チャールズ・センター | 1962 年 | ボルチモア |
| トゥーエル・スール・リーヴ | 1962 年 | モントリオール |
| ホーム・フェデラル貯蓄貸付組合ビル | 1962 年 | デモイン |
| 2400 レイクビュー・アパートメント | 1963 年 | シカゴ |
| モリス・グリーンウォルド邸 | 1963 年 | ウェストン |
| ラファイエット・パーク | 1963 年 | デトロイト |
| シカゴ大学社会福祉管理事務棟 | 1965 年 | シカゴ |
| ドレイク大学メレディス・ホール | 1965 年 | デモイン |
| デュケイン大学 R.K・メロン科学館 | 1968 年 | ピッツバーグ |
| ベルリン美術館 新ナショナルギャラリー | 1968 年 | ベルリ |
| ウエストモント・スクエア・センター | 1968 年 | カナダ |
| トロント・ドミニオン・センター | 1969 年 | トロント |
| ナン島のガソリンスタンド | 1969 年 | モントリオール |
| ワン・イリノイ・センター | 1970 年 | シカゴ |
| M.L キング・Jr 記念図書館 | 1972 年 | ワシントン D.C. |

| | | |
|---|---|---|
| IBM オフィスビル | 1973 年 | シカゴ |
| シカゴ連邦センター | 1973 年 | シカゴ |
| ヒューストン美術館 ブラウン・パビリオン増築 | 1974 年 | |

　僕が京都大学にて建築を学んでいた頃、いや学んで自分の能力に最も遠い建築という才能の無さに諦めた頃、近代の3人の巨匠の中で最も僕の好きだった建築家はル・コルビュジエでもないフランク・ロイド・ライトでもないこのミースだと思った。

　材料は主に鉄骨とガラスであり、実際実用性についての疑問は残るが、彼のシカゴに邸宅（ファンズワース邸）の美しい洗練は無駄なものが一つもない。シンプルが美の根源だとの彼の美の核心だが最高だ！建築家は説教じみた、＜くどさ＞で自分が作った美の空間を住む他者に押し付けるのが常だ。それはそれで良いと僕は考える。特にこの邸宅の美しさがまさに美の極致だと同意してくれる方がいれば嬉しい。このコラムでミースの建築を後数軒紹介したい。

## 彼の珠玉の言葉

### より少ないことはより豊かなこと
Less in More
（＝ごちゃごちゃ装飾など醜いのだ　シンプルがベストだという意味だろう）


### 神は詳細に宿る
God exists in the details
（＝僕の人生の持論だが最も細かい細部こそが何事をも決定する鍵となるのだという意味だろう。それは欧州にいる友が幼少時より大阪のミナミにて数寄屋建築に居住して細部のデザイン、細部の把手やらその他のデザインの重要性を身にしみて理解している事実である）。

　蛇足だが詳細が重要だというのは、美学のみならずビジネスでも政治でも詳細がないとリーダー・シップが謀れないという僕の持論だ。
ミース・ファン・デル・ローエの数々の作品の中でとりわけ印象的なものを取り上げるとイリノイ工科大学＜クラウン・ホール＞

ファンズワース邸　©hash-casa.com

©daytona-house.com

https://ohmy.s8d.jp/2019/06/28/crownhall/
スカッとしたフォルム、ガラスと鉄、美しい垂直と水平のまっすぐな線が印象的だ。

　さらに僕が感動してやまない、無駄が何一つない建築物はバルセロナ・パビリオン（Barcelona Pavilion）だ。

　彼が博覧会のために設計した施設（本書「終わりに」参照）である。モダニズム建築の傑作の一つとして知られる。1986 年に復元され、現在はミースの記念館になっている。

　コロナが日本を襲った二年前、僕はバルセロナでこの建築に陶酔していたのを思い出す。もちろんバルセロナといえば、歴史的建築家としての天才ガウディの存在が光っているのだが、まさに彫り物によって建築を装飾するまさにミースと正反対の建築家のアプローチだ。

　本当に痺れるミースは心が洗われる思いなのだ。あの挫折した青年時代の建築への夢、その中で憧れた世界の建築家のミース、いまだに僕の趣味が変わらないのは不思議といえば不思議だ。

https://webdesignmagazine.net/walter-adolph-georg-gropius/
https://www.youtube.com/watch?v=oqK5K6qFJuI

スマホで関連サイトを閲覧できます

## ル・コルビュジエ
### 1887 年 10 月 6 日〜 1965 年 8 月 27 日

国　籍 ● スイス
出身校 ● 時計職人養成のための装飾技術学校（彫刻と彫金を学ぶ）
受　賞 ● AIA ゴールドメダル（1961 年）
　　　　● レジオンドヌール勲章 (1964 年 )

# Le Corbusier

04

**設計作品**

サヴォア邸
ロンシャンの礼拝堂
ラ・トゥーレット修道院
ドイツのヴァイセンホーフ・ジードルングの住宅
アルゼンチンのクルチェット邸
ベルギーのギエット邸
フランスのラ・ロッシュ＝ジャンヌレ邸
ペサックの集合住宅
サヴォア邸
ナンジェセール・エ・コリ通りのアパート
ユニテ・ダビタシオン、サン・ディエ工場
ロンシャンの礼拝堂
カップ・マルタンの小屋
ラ・トゥーレット修道院
フィルミニのレクリエーション・センター
インドのチャンディーガル
日本の国立西洋美術館
スイスのレマン湖畔の小さな家およびイムーブル・クラルテ

プロジェクト：チャンディーガル都市計画　輝く都市

世界遺産認定　17作品
2016年に開催された第40回世界遺産委員会においてル・コルビュジエの建築作品 - 近代建築運動への顕著な貢献 - として世界遺産に登録された

スイスで生まれ、フランスで主に活躍した建築家。本名はシャルル＝エドゥアール・ジャヌレ＝グリ（Charles-Édouard Jeanneret-Gris）。

サヴォア邸　©wikipedia

　この美しいデザインを下記のサイト：
https://www.architecturaldigest.com/gallery/le-corbusier-architecture-128-birthday

　僕が建築家に憧れたのはまさに彼への尊敬と畏敬があるのだ！ピロティという柱で床を浮かし自然の中で輝く建築。しかもデザインはゴテゴテしないすっきりとシンプルさだ。僕が京都大学建築学科に合格したのが1966年春、ル・コルビュジエがなくなったのは前年だった。
　この頃、日本で活躍したのが丹下健三・前川國男・吉村順三・菊竹清訓その他だ。東京大学工学部建築学科と早稲田大学工学部建築学科がデザイン（意匠設計）で優れた建築家を生み、京都大学は主に構造学（エンジニアリング）にて耐震構造などで有名であった。

　さてフランス語で　Le Corbusier, l'architecte visionnaire - Villa Savoye - Une image vaut mille mots #9 というタイトルの古典的ル・コルビュジエの紹介があり必見だ。
https://www.youtube.com/watch?v=NxNB_t8iU-A

ル・コルビュジエは1887年10月6日、スイスのラ・ショー=ド=フォンに時計の文字盤職人の父エドゥアールとピアノ教師の母マリーの次男として生まれた。家業を継ぐために時計職人を養成する地元の装飾美術学校で彫刻と彫金を学んだが、専門的な大学教育は受けていない。

　ル・コルビュジエは時計職人の道を進むつもりだったが、当時時計産業は斜陽化しつつあり、さらにル・コルビュジエは視力が非常に弱く、精密な加工を必要とする時計職人としては重大なハンデを背負っていたため、徐々に別の道へ進むことを模索するようになっていった。

　美術学校在学中の1907年に、ル・コルビュジエの才能を見いだした校長のシャルル・レプラトニエの勧めで、建築家のルネ・シャパラと共に最初の住宅『ファレ邸』の設計を手がけている。1908年にパリへ行き、鉄筋コンクリート建築の先駆者であるオーギュスト・ペレの事務所に、1910年にはドイツ工作連盟の中心人物であったペーター・ベーレンスの事務所に籍を置き、短期間ではあったが実地で建築を学んだ。

　1911年から半年かけてベルリンから東欧、トルコ、ギリシャ、イタリアを巡る東方への旅へ出た。ラ・ショー=ド=フォンの美術学校で教鞭を執った後、1914年に鉄筋コンクリートによる住宅建設方法である「ドミノシステム」を発表。

　1917年にパリへ行き、2年ほど鉄筋コンクリート会社に勤めた。1920年にダダの詩人のポール・デルメ、ピュリスムの画家のアメデエ・オザンファンと共に雑誌『レスプリ・ヌーヴォー』(L'esprit Nouveau) を創刊。この頃からル・コルビュジエというペンネームを用いた（このペンネームは、祖先の名からつけたものである。）。

　1922年に、ペレの下で働いていた従弟のピエール・ジャンヌレと共に事務所を構えた。1923年に『レスプリ・ヌーヴォー』に掲載された自らの記事をまとめた著作『建築をめざして』を発表し、世界中の建築家から注目を集めた。この著作の中の「住宅は住むための機械である（machines à habiter)」という言葉は、彼の建築思想の代表的なものとしてよく引用される。

1928 年以降に開催された CIAM（Congrès International d'Architecture Moderne、シアム、近代建築国際会議）では、ヴァルター・グロピウス、ミース・ファン・デル・ローエ、ジークフリート・ギーディオン、ガブリエル・ゲヴレキアンらとともに参加し、中心メンバーとして活躍した。CIAM は国際的な近代建築運動の拠点になった。

　ル・コルビュジエが生み出した、モダニズム建築の基礎「近代建築の五原則」を説明せねがならない。鉄筋コンクリート建築物は彼の象徴みたいに言われるが、彼が発明したわけでない。

　セメント自体は古代ローマ時代から使われていたし、「圧縮力にはめっぽう強いが引張り力に弱い」というコンクリートの弱点を「内部に鉄筋を埋め込む」という方法で補強する鉄筋コンクリートの手法は 1850 年代からすでに建築に活用されていた。

　またコルビュジエの恩師とも言えるオーギュスト・ペレも、1907 年ごろには「ランシーの教会堂」や「フランクリン街のアパート」などで鉄筋コンクリート造の建築を完成させている。

　しかし、コルビュジエ以前には組積造（石やレンガを積み上げて建物を作る方法）という古い建築手法の代替としてコンクリートを使用していたにすぎず、デザインも旧態然としたものだった。

つまりその頃は鉄筋コンクリートの利点を最大限に活かせていなかったのである。

　彼の提唱した「近代建築の五原則」と「ドミノ・システム」は、まさにいち早く鉄筋コンクリート造の可能性に鋭く着目していたコルビュジエが、重苦しく、設計上の制約が多く、窓は小さくて室内が暗いという組積造建築の弱点を革命的に、のちに「ドミノ・システム」として知られるようになる建築工法の基礎を発案ことだ。

　つまり、鉄筋コンクリートの利点をフルに生かし、スラブ・柱・階段さえ鉄筋コンクリートで堅牢に作っていれば建築物の他の要素は自由に設計できる、という考え方だった。さらにドミノ・システムは「安価で量産可能な住宅を作りたい」という、画期的な言葉は悪いが＜商業主義＞とも言える、コルビュジエの念願ともマッチ。ドミノ・システムは、彼の建築哲学を誰にでもわかる形で具現化しているのだ。

このドミノ・システムを通し、

●ピロティ（1階部分の壁をなくし、吹き放ちにすること）

●自由な平面

●自由な立面（ファサード）

●水平横長の窓

●屋上庭園

という、現代では「近代建築の五原則」として知られる新時代の建築の理論が幕開けである。

近代建築の五原則で、建築は解放された。「壁で建物を支える」という従来型の建築の制約から解放されたドミノ・システムを採用すれば、柱の配置さえ適切に行えば、壁は構造耐力には関わりがないため、設計の自由度が高まり、立面（ファサード）の自由にもつながる。

ドミノ・システムで作る建築物は壁に負荷がかからないため、窓はどれだけ大きくしても、横長にしても、または壁を全面ガラス張りにできる。しかもピロティにより1階部分は思い切って壁をなくしてしまえば、自由に歩行したり車を停めたりすることが可能となる。

屋根も傾斜のある三角屋根にする必要はなくなり、ふらっとな屋根には屋外庭園を作って開放的にすることを可能にする。

これが、コルビュジエが生み出した「近代建築の五原則」であり、この原則がモダニズム建築の基本となったのだ。


1931年竣工の『サヴォア邸』はル・コルビュジエの主張する「近代建築の五原則」を典型的に示し、代表作として知られる。1932年にソ連で行われたソビエト宮殿のコンペに応募して敗退したものの、その斬新さは注目を浴び、丹下健三が建築家を志すきっかけにもなっている。

第二次世界大戦後、かねてよりの主張の実践である「ドミノ・システム」に基づく集合住宅『マルセイユのユニテ・ダビタシオン』（L'unité d'habitation de Marseille）を建設（1947年-1952年）。また1951年からはインド首相であるジャワハルラール・ネルーの依頼を受け、インドに新都市チャンディーガルを建設する際の顧問として都市計画および主要建築物（議会・裁判所・行政庁舎など）の設計に携わった。

また、「モデュール」の理論を提案し、建築の実践の場において機能性あるいは美学の達成への応用とした。

後期の代表作『ロンシャンの礼拝堂』（1955年竣工）は独特な形態で、シェル構造の採用など鉄筋コンクリートで可能になった自由な造形を示している。ここでは従来主張していた近代建築の指標である機能性・合理性を超える新たな表現に達した。

ロンシャンの礼拝堂 ©architecture-tour.com

スマホで関連サイトを閲覧できます

# 近代第一ジェネレーションの世界の建築家たち

アヴァン・ゲール生まれ

# アルヴァ・アールト
## 1898 年 2 月 3 日〜 1976 年 5 月 11 日

国　籍 ● フィンランド
出身校 ● ヘルシンキ工科大　アルマス・リンドグレンに師事
受　賞 ● RIBA ゴールドメダル
　　　　● AIA ゴールドメダル

# Alvar Aalto

## 設計作品

| | | |
|---|---|---|
| ノイエ・ファール高層アパート | 1958-62 | ドイツ |
| ヴォルフスブルクの文化センター | 1958-63 | ドイツ |
| ノースユトランド美術館 | 1958-72 | デンマーク |
| ヴォルフスブルクの教区センター | 1959-62 | ドイツ |
| エンソ・グートツァイト本社ビル | 1959-62 | フィンランド |
| セイナヨキのタウンホール | 1960-65 | フィンランド |
| フィンランディア・ホール | 1962-71 | フィンランド |
| ヴェストマンランド・ダラ学生会館 | 1963-65 | スウェーデン |
| セイナヨキ市立図書館 | 1963-65 | フィンランド |
| ロヴァニエミの図書館 | 1965-68 | フィンランド |
| デトメローデの教区教会 | 1965-68 | フィンランド |
| アカデミア書店 | 1966-69 | フィンランド |
| オルボの美術館 | 1969-73 | デンマーク |
| マウント・エンジェル修道院図書館 | 1970 | アメリカ合衆国 |
| ラハティの教会 | 1970-78 | フィンランド |
| ラッピア・ハウス | 1970-75 | フィンランド |
| アルヴァ・アアルト美術館 | 1971-73 | フィンランド |
| リオラの教区教会 | 1975-78 | イタリア |
| ユヴァスキュラのタウン・シアター | 1982 | フィンランド |
| エッセンのオペラハウス | 1959-88 | |

フィンランドが生んだ 20 世紀を代表する世界的な建築家、都市計画家、デザイナー。その活動は建築からチェアや照明などのプロダクトや絵画など、活動の幅は広く、そのデザインは今も世界中で愛されている。スウェーデンのグンナール・アスプルンドと並んで、北欧の近代建築家としてもっとも影響力があった 1 人であり、モダニズムに対する人間的なアプローチで知られる。

このサイトに彼の作品がある。
https://masatoyo.com/aalto_finland_helsinki_architecture/
https://hokuouzemi.exblog.jp

フィンランディア・ホール ©4travel.jp

51

## 名言集：

建築において何が危険かというと、
それをいろんな個々の問題に分けて一つの建築を作ることだ。
人間の生活をいろんな問題に分けてとらえるということは
せっかくの建築芸術をバラバラにしてしまうことになるからだ。

Nothing is as dangerous in architecture as dealing with separated problems. If we split life into separated problems we split the possibilities to make good building art.

神様は紙といいうものを
建築家が図面を描けるように与えたもうた。
それ以外の用途は僕にとっては単なる紙の濫用だ。

Art, Design, Splits
God created paper for the purpose of drawing architecture on it. Everything else is at least for me an abuse of paper.

建築芸術とは具体的な形で生活を合成するものだ。
同じ帽子の中にバラバラの破片ではなく調和をもって
その合成たるものを持ち込むべく努めねばならない。

Drawing, Abuse, Purpose
Building art is a synthesis of life in materialised form. We should try to bring in under the same hat not a splintered way of thinking, but all in harmony together.

建築とはその中心に必ず人間が存在することが大切だ。

Art, Hate, Thinking
True architecture exists only where man stands in the center.

建築家の究極の目的は、まさに天国を創造することだ。
どんな家でもどんな家具でも、
人々のために地上の天国を作ることなのだ！

Men, Architecture
The ultimate goal of the architect...is to create a paradise. Every house, every product of architecture... should be a fruit of our endeavour to build an earthly paradise for people.

そもそも建物に欠くべからざるものは
自然の有機的な生活の多様化と発展なのだ。
これこそが建築のまことのスタイルなのだ。

People, Goal, House

The very essence of architecture consists of a variety and development reminiscent of natural organic life. This is the only true style in architecture

建築はカルチュアに属するものであって
文明に属するものではない。

Essence, Style, Development

"Biography/ Mini Bio". www.imdb.com.

Architecture belongs to culture, not to civilization.

近代建築は未熟な新素材を使うことではない。
大切なことは素材をもっと人間的な方向性をもって
洗練させることなのだ。

Civilization, Culture, Architecture

Modern architecture does not mean the use of immature new materials; the main thing is to refine materials in a more human direction.

ドキュメンタリー動画に彼の哲学が語られる。

Mean, Immature, Doe

https://youtu.be/a8KCFXfWe94

**ルイス・ラミロ・バラガン・モルフィン**

1902 年 3 月 9 日～1988 年 11 月 22 日

国　籍 ● メキシコ
出身校 ● グアダラハラ自由工科大学（土木工学科）
受　賞 ● プリツカー賞（1980 年）

# Luis Ramiro Barragan Morfi

## 設計作品

| | | |
|---|---|---|
| 1928 年 | ロブレス・レオン邸の改築 | Casa Robles Leon |
| | エンリッケ・アギラール邸 | Casa Enrique Aguilar |
| 1929 年 | グスターボ・クリスト邸 | Casa Gustavo Cristo |
| | エフライン・ゴンザ | |
| | レス・ルナ邸 | Casa Efrain Gonzalez Lun |
| 1931 年 | チャパラのバラガン邸 | チャパラ |
| 1934 年 | 革命公園 | Parque de la Revolucion |
| | マルコス・カステジャーノス通り 132 番地の住宅 | |
| | カルメン・オロスコ邸 | Casa Clemente Orozco |
| | ハーパー・デ・カリビ邸 | |
| 1936 年 | メキシコ公園通りの 2 世帯住宅 | メキシコ・シティ |
| 1937 年 | ピサロ・スアレス邸 | Casa Pizarro Suarez メキシコ・シティ |
| 1939-40 | エルバ通りのアパート | メキシコ・シティ |
| 1940 年 | ビジャセニョール邸 | メキシコ・シティ |
| | 4 人の画家のアトリエ住宅とロレンソ・ガルサのアパート | メキシコ・シティ |
| | コンセプシオン・リボのアパート | メキシコ・シティ |
| 1937-42 | アマティタン教会の改修 | ハリスコ州 |
| 1940-41 | アレナル教会の改修 | ハリスコ州 |
| 1940-43 | マデレロス街道の庭園 | メキシコ・シティ |
| 1943 年 | バラガン / オルテガ邸 | Casa Barragan / Ortega メキシコ・シティ |
| 1943-44 | サン・ヘロニモ大通りのエル・カブリオ庭園 | |
| 1945-54 | ペドレガル庭園分譲地 | Jardines del Pedregal |
| 1947-48 | ルイス・バラガン邸 | Casa Luis Barragan |
| 1949-50 | フエンテス大通り 10 番地の住宅 | |
| | ペドレガル庭園 | |
| | フエンテス大通り 12 番地の住宅 | |
| 1950 年 | エドゥアルド・プリエト・ロペス邸 | Casa Eduardo Prieto Lopez |
| | ペドレガル庭園 | |
| 1953-60 | トゥーラルパンの礼拝堂 | Tlalpan Chapel |
| 1955 年 | アントニオ・ガルベス邸 | Casa Antonio Galvez メキシコ・シティ、サン・アンヘル |

サテライト・タワー　©allartesania.com

設計建築の基本は、白を基調とするシンプルでジェオメトリックなモダニズム建築であるが、メキシコ独自の民芸的なピンク・黄色・紫・赤などのカラフルな色彩で壁を一面に塗るなどの要素を取り入れ、モダニズムとメキシコの民俗性との調和をとった。

　また庭園や屋内に、ふんだんに水を張った空間を導入するなど、建物に溶岩やメキシコ独特の植物からなる庭園を添えたことも特色だ。バラガンは正式な建築図面をほとんど描かず、イメージ・スケッチによるデザイン、設計を行い、そのイメージ・スケッチを元に部下が図面を描いたとされる。

https://mymodernmet.com/luis-barragan-mexican-modernist-architect/

　ルイス・バラガンの言葉は、建築家とは詩人でもあるのだなあと思う。:

建築とは空間的であることに加え音楽的なものです。
その音楽は水によって奏でられるのです。（中略）
壁は沈黙を作り出し、その静けさの中で水を音楽の様に楽しむことが出来るのです。
建築とは静寂である
静寂を表現しないあらゆる建築作品は失敗である。
私の建築に関する基本的な考えについて、唯一言える事は、特定の手法を持ったことが無いという事だ。私は常に、直感で導かれることを好んできた。
見たものを見てください
私がしたことは、（真似）しないでください。私が読んだものを読み、私が見たものを見てください。
沈黙の穏やかなさざめき

建築家は家と同じように、住むための庭を設計すべきだと思う。そうすれば、美的感覚、美術をはじめとする精神的価値あるものに対するセンスや鑑識力を磨くことができるだろう。

家が庭と一つになり、庭が家と一つになるにデザインしなけれ
ばならない。
私がデザインする庭や家には、その内部に常に沈黙の穏やかな
さざめきが流れ、その噴水には沈黙が歌うよう心がけている。

　パラガンの代表作でもある自宅とアトリエは 2014 年に世界文化遺産に
登録されている。
　メキシコシティを訪れる観光客にも人気の高い「ルイス・バラガン邸」
を下記の動画でスペイン語だが見れる。
https://youtu.be/0Fh2eND2T4A

スマホで関連サイトを閲覧できます

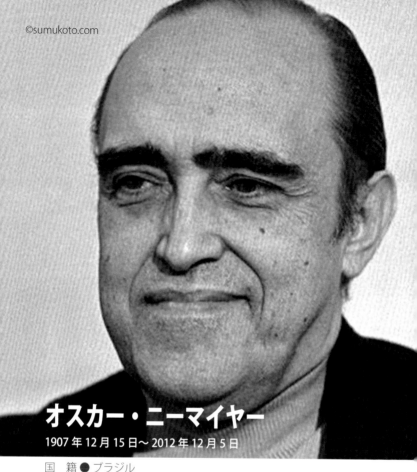

## オスカー・ニーマイヤー

1907 年 12 月 15 日〜 2012 年 12 月 5 日

国　籍 ● ブラジル
出身校 ● リオ・デ・ジャネイロ国立芸術大学建築学部
受　賞 ● レーニン国際平和賞（1963 年）
　　　 ● プリツカー賞（1988 年）
　　　 ● 高松宮殿下記念世界文化賞（2004 年）

# Oscar
# Niemeyer

## 設計作品

| | | |
|---|---|---|
| 1937 年 | オブラ・デベルコ保育園 | リオデジャネイロ |
| 1939 年 | ニューヨーク博覧会ブラジル館 | |
| 1940 年 - | パンプーリャ湖プロジェクト | ベロオリゾンテ |
| 1942 年 | カジノ | |
| 1942 年 | レストラン | |
| 1942 年 | ヨットクラブ | |
| 1943 年 | ダンスホール | |
| 1942-43 年 | サン・フランシスコ礼拝堂 | |
| 1961 年 | スイミングクラブ・PIC | |
| 1942 年 | カノアスの住宅（自邸） | |
| 1943 年 | ブラジル旧教育保健省庁舎 | リオデジャネイロ |
| 1946 年 | ボア・ビスタ銀行 | |
| | アメリカ・ラチーナ保険本社 | サンパウロ市 |
| | 東京海上火災の現地子会社の本社で 1970 年代に取り壊された | |
| 1951 年 | コパン・コンプレックス | サンパウロ |
| 1951 年 - | イビラプエラ公園プロジェクト | サンパウロ |
| | ビエンナーレ 産業パヴィリオン | サンパウロ　ビエンナーレなどの会場 |
| 1951 年 | オカ・パヴィリオン | |
| 2005 年 | 劇場 | |
| 1952 年 | 国際連合本部ビル | ニューヨーク |
| | 正式には建築家国際委員会の設計となっている | |
| 1956 年 - | ブラジリア都市計画 | |
| 1956-57 年 | ブラジル大統領官邸「夜明けの宮殿」 | |
| 1958 年 | 三権広場 | |
| | ブラジリア大聖堂 | |
| | ブラジル国立劇場 | |
| 1959 年 | ブラジル国民会議議事堂 | |
| | ファティマ教会 | |
| 1958-60 年 | ブラジル大統領府「台地の宮殿」 | |
| | ブラジル最高裁判所 | |

| | | |
|---|---|---|
| | ブラジル法務省「正義の宮殿」 | |
| 1962 年 | ブラジリア大学本館 | |
| 1965-69 年 | ブラジル外務省「弓の宮殿」 | |
| | ブラジル国防省 | |
| | ホテル・ブラジリア | |
| 1986 年 | ナショナル・パンテオン | |
| 2006 年 | ギマラエス国立美術館 | |
| 2007 年 | ブラジル国立図書館 | |
| 1959 年 | 南アメリカ病院 | リオデジャネイロ |
| 1964 年 | ハイファ大学キャンパス | ハイファ |
| 1972 年 | コンスタンティーヌ大学 | コンスタンティーヌ |
| 1975 年 | モンダドーリ出版社本社 | ミラノ |
| 1978 年 | セーヌ=サン=ドニ県労働組合協会 | ボビニー |
| 1981 年 | ル・アーヴル文化センター ル・ヴォルカン（パリ） | |
| 1981 年 | フランス共産党本部（パリ） | |
| 1983 年 | サンボードロモ・ダ・マルケス・ジ・サプカイ（リオデジャネイロ） | |
| 1986-89 年 | ラテンアメリカ・メモリアル・コンプレックス（サンパウロ） | |
| 1988 年 | 劇場 | |
| | 国会議事堂 | |
| | イベントルーム | |
| | 図書館 | |
| 1989 年 | リュマニテ新聞本部（サン=ドニ） | |
| 1991 年 | アニェンビ・サンボードロモ（サンパウロ） | |
| 1996 年 | ニテロイ現代美術館（ニテロイ） | |
| 2002 年 | オスカー・ニーマイヤー美術館（クリチバ） | |
| 2003 年 | サーペンタイン・ギャラリー・パビリオン（ロンドン） | |
| 2006 年 | ゴイアニアの文化センター（ゴイアニア） | |
| 2007 年 | ポピュラー・シアター（ニテロイ） | |
| 2007 年 | バルパライソの文化センター（バルパライソ） | |
| 2011 年 | オスカー・ニーマイヤー国際文化センター（アビレス） | |

ニテロイ現代美術館　©allabout.co.jp

©jp.louisvuitton.com

We used to look at Neimeyer's works and dream of what would be possible, if we could skate there. Obviously, we could never even think about skateboarding there because we knew that security guards would always stop us.

僕たちはニーマイヤーの作品の数々を見ていると、
何が可能なのかなと夢見心地になるんだ。
例えばあそこでスケートができるのかな？などと。もちろん僕たちはスケボができるなんてことは、警備人がすぐに止めにやってくるから無理だと思うから、それは考えもつかないことだけど。

僕たち（上記）の夢見心地が下記作品集を見るとよく理解できる。:
https://www.archdaily.com/295992/the-complete-works-of-oscar-niemeyer
https://www.adfwebmagazine.jp/architect/architecture-and-physicality-1-oscar-niemeyer/

　さて、近代建築の今やクラシックな存在だが、僕が建築を目指した時はブラジリア都市計画で華々しい時代だった。
　1907 年に、当時ブラジルの首都であったリオ・デ・ジャネイロのドイツ系の家庭で生まれた。なお、本人は「自分にはインディオか黒人の血も混ざっているかもしれない。でもそれは私にとっては誇りである」と語っている。

　1929 年、バルナピタス高校卒業。1934 年にリオの国立芸術大学建築学部を卒業。1935 年からリオ・デ・ジャネイロのルシオ・コスタとカルロス・レアンの設計事務所に勤務し、旧教育保健省庁舎の設計に関わった。この際、ルシオ・コスタが設計顧問としてル・コルビュジエを招いたことをきっかけにコルビュジエと出会う。
　その後、共産党員となったため、1960 年代から 1980 年代中盤にかけてのブラジルの軍事政権下においては、ブラジルでの設計活動を禁止された。
　1967 年、フランスのパリに亡命に近い形で住み着き、その後の 20 年程はフランスを活動の拠点として、フランス、イタリア、アルジェリアなどで設計を手がけた。フランス共産党に入党して党本部の設計も行った。

1985 年の民政復帰後はブラジルに戻って設計活動を再開し、生まれ故郷のリオ・デ・ジャネイロに在住し設計活動を行った。

　とにかく彼の作品を見ると曲線が美しい。実際ニーマイヤーのような曲線を駆使できる頭の構造は、とても自分がこんな設計ができるとは想像もつかない。最近妹島和世など曲線に腕力を発揮する建築家が秀逸のデザインをしている。間違いなく彼女もニーマイヤーにあの冒頭の夢を見ながら憧れたに違いないと勝手に想像してしまう。

　彼の名言集には下記のようなものがある。:
女性の体のラインが、この世で一番美しい曲線なのだ。
この美しい海岸線、山々の稜線。
ブラジルの自然の中にある曲線から私のデザインは生まれる。

　実際考えてみたら自然で直線などは無いわけであり、すべて曲線が自然の極意のはずだ。一方で僕は本能的にミースの直線とガラスと鉄を好むのだが・・・・自分が描けないものだから曲線を避けたい深層心理かもしれない。

スマホで関連サイトを閲覧できます

© wikipedia

# ミノル・ヤマサキ

1912 年 12 月 1 日 - 1986 年 2 月 6 日

国　籍 ● アメリカ合衆国
出身校 ● ワシントン大学（学士）ニューヨーク大学（修士）
受　賞 ● 日本建築学会賞作品賞（1956 年）
所　属 ● ミノル・ヤマサキ・アンド・アソシエーツ

# Minoru Yamasaki

## 設計作品

| | | |
|---|---|---|
| | 在神戸米国総領事館（日本建築学会賞作品賞） | 神戸（1954年改装） |
| 1955年 | セントルイス国際空港メインターミナル | セントルイス |
| 1959年 | レイノルズ・メタル本社ビル | デトロイト郊外 |
| 1962年 | パシフィックサイエンスセンター | シアトル |
| 1963年 | ハーバード大学ウィリアム・ジェームズ・ホール | ボストン郊外 |
| 1964年 | プリンストン大学ロバートソン・ホール | プリンストン |
| 1966年 | センチュリープラザ・ホテル | ロサンゼルス |
| 1966年 | オベリン大学 | オハイオ州オベリン |
| 1968年 | ローガン国際空港イースタン航空ターミナル | ボストン |
| 1966-1973年 | ワールド・トレードセンター　＊1 | ニューヨーク |
| 1978年 | リッチモンド連邦準備銀行 | リッチモンド |
| 1978年 | センチュリープラザ・タワーズ | ロサンゼルス |
| 1979年 | シェラトン都ホテル東京 | 東京 |
| 1988年 | 神慈秀明会ホール　＊2 | 滋賀県甲賀市信楽 |
| 1988年 | トーレ・ピカソ | マドリード |

＊1：2001年の9/11テロで倒壊
＊2：新宗教「神慈秀明会」の大礼拝堂（非公開）

　あの悪夢のような911同時多発テロ事件！

　ニューヨークのテロの惨劇は歴史を変えたが、あのツインビルを設計した日系のミノル・ヤマサキの冥土の無念はいかばかりであったろうか？
僕が建築家を目指した時以来もちろんヤマサキの高名は知った上での選択だが、あのテロ事件以後出版された飯塚真紀子著『9・11の標的をつくった男－天才と差別　建築家ミノル・ヤマサキの生涯』（2010年、講談社）は実に興味深い本だった記憶がある。執筆中、書庫から取り出して再読した。その中でとても印象的な部分を再現する。
娘キムが、父ミノルとニューヨークの五番街を一緒に歩いたことがあり、聖パトリック教会（ケネディ兄が結婚式をした教会）は中世欧州のような

テロで崩壊した
ニューヨークの
ワールド・トレードセンター
©amanaimages.com

感覚が漂っていた石造りの教会だ。中に入ると、一番奥に、床から天井までカーブを描くように建つ白い石柱がある。その美しさに驚かされたミノルは興奮してキムにこういった。
「人々にはこれを感じて欲しいんだよ。建物の中に入った時に、"驚き"を感じ、"美"に心を打たれてもらいたいんだ」。
　中に入って初めて感じる"驚き"や"美"。そう日本の建築にミノルはそれを感じたに違いない（幼少の頃アメリカに帰化したので、日本での体験は建築家になってからのもの）。
　驚きとは「予期できない楽しみ」と言い換えることもできる。喧騒の中にも予期できない右往な静寂の寺院や庭園などがある。銀座の日本料理店を訪れた時、案内された畳敷きの個室、磨き込まれた柱、茶色がかった漆喰壁、白い障子窓、生け花や掛け軸が絶妙に配置された床の間、漆の器に

美しく盛り付けられた料理、その一つ一つが繊細なまでにも美しかった。

　ミノルは圧倒され、しばし見とれた。……友人が障子の窓を開けようとしたが、内心開けないでくれと願った。美しいものだけを見たかったのだ。だが意外にも窓を開けると視野に入ってくる屋根や物干し竿、人混みなどが、静かな美を損なうと思ったのだ。しかし、開けられた障子窓の向こうに見えた思いがけない光景にミノルは息を呑む。そこには石、苔、枝が美しく配置された庭が広がっていた。

　ミノルの世界旅行の後、建築専門誌や建築家協会の講演で、旅を通しての彼の建築哲学を発表しているが、頻繁に口にしたの言葉が、"セレニティ"と"ディライト"だ。Serenity and delight つまり静寂さと歓喜・楽しみである。

　近代建築家がモダニズム時代はミノルのような、感覚的な言葉は使わなかった。"クリーン"という言葉がよく使われた。ここは僕の意見だがこのミノルのいわばエモーショナルな感情の発露であると思う。まさに"感動した"と叫びたくなる言葉だ。

　本書を書くにあたって50人がどんな哲学を持っていたか興味があった。色々な建築家はそれぞれ含蓄ある自分の言葉があった。最近僕が著書にした『エモーショナルな東京五輪観戦記』。エモーショナルというやや否定的な意味で使用されるものだが、この言葉はビジネスや芸術で、肯定的意味合いで表現されることが多くなってきている。

　現に東京五輪のモットーとは "United by Emotion" である。この本で取り上げているポルトガル建築家のアルヴァロ・シザは "You have to feel what you are doing, and not be so rational that you just solve the problems, because emotion is very important. Without it, something is missing," エモーションの大切さ、エモーション無くしては何か物足りないと述べている。

　ミノルは伊勢神宮に感激、それはそうだろう、素晴らしいレイアウト、苔むした石段が上へ上へと、そして鳥居。振り向いて石段を見下ろすと、石段、鳥居、大木が重なり合うように見える。

　微妙に重なり合った大木と鳥居の間に大切な何かが隠されているような……そんなふうに感じた刹那、迷宮にいるような不思議な気持ち‥"ビューティフル"を何度も叫んで舞い上がるミノルだった。人間的な情緒が揺すぶられるのを感じたミノルの伊勢神宮体験であった。

この世界旅行でミノルが得たものは、民主主義のシンボルとなるような建物は、スカイラインを描き出す多様な形や装飾、驚きを通じて人々をハッピーにするものでなくてはならない。そんな建物こそ、真の意味で人々に貢献することができるのだと！

　「たくさんの人々の努力によってできた建物に、臆面もなく書かれた建築家の署名は一種の傲慢さではないかと思う」「建築は、"神の視点"ではなく、"人間の視点"から作られなければならない。建築家は無名の存在であり、建築は人を主役とすれば、あくまでも脇役、空気のような存在でなければならない」

　世界旅行を経て、ミノルは書き残している。「私が設計してきたものは、あの偉大なミース・ファン・デル・ローエの浅薄な模倣に過ぎなかったと言っても過言ではない」さらには「なんとたくさんのつまらないライトやミース、コルビュジェがいることか！」それほど四大巨匠の影響はその頃強かったのだ。

　もちろんミノルはミースを否定しているのではない、自分の心の師匠と述べている。プライベートな付き合いもあり自宅に招いてマティーニを交わす友である。ミースの"Less is More"、コルビュジェが唱えた"Une maison est une machine à vivre."（家は住むための機械である）なる当時の機能主義的立場を乗り越え自分のやりたいことをやる、自分なりのオリジナリティを求める転機になる世界旅行（日本を含む）だったのだ。

　さて、上述した『9・11の標的をつくった男－天才と差別　建築家ミノル・ヤマサキの生涯』の著者飯塚真紀子が書いているサイトを見つけたが素晴らしい記事なので読まれることを勧める：題名＜「なぜ日本人建築家なんだ」ミノル・ヤマサキが世界貿易センタービルの建築家に選ばれた理由とは？＞
https://news.yahoo.co.jp/byline/iizukamakiko/20180914-00096662

　彼の略歴は：
ヤマサキは、アメリカに移民した日本人の両親の下、1912年、シアトルのスラム街で生まれ、人種差別と戦いながら育った。アラスカの鮭缶工場で働いて学費を稼ぎ、ワシントン大学の建築学科を卒業、装飾美を重視した建築で、徐々に、米国建築界で頭角を現して行く。そして、遂には、世

界貿易センタービルを設計するという仕事を勝ち取り、彼の顔は日系人男性としては世界で初めて TIME 誌の表紙を飾った。
AIA のファースト・オナー・アウォーズで 4 度（Honor3 度、Merit1 度）受賞。日本でも芦屋浜シーサイドタウンなどの設計を手がけたことで有名である

　さてあのツインタワーについてエピソードがある：
（https://www.weblio.jp/wkpja/content/ ミノル・ヤマサキ _ 主な作品　より引用）：

　2001 年 9 月 11 日のテロ事件の際、2 機の飛行機が WTC ビル（ツインタワー）に突撃。この 2 機の飛行機の突撃とそれと共に起こった火災の高熱によって構造を支える外壁が溶解し、ツインタワーは相次いで倒壊することになる。

　この倒壊は、チューブ構造の構造的欠陥にあるとされる。具体的な倒壊のメカニズムは、ドミノ崩壊といわれている。これは、構造を支えていた外壁や柱が溶解することで、それより上部の部分が落下し、その重さによって次々に床が抜け倒壊に至ったとされる。

　ヤマサキは、「ビルの寿命はせいぜい 20 年」と述べている。その理由として、「10 年後の生活環境を明確につかむことができないのに、20 年後は考えてみても見当もつかないからだ」と、述べている。その結果、現在最も機能的であると同時に、不適当になった場合に、短期間でいかに壊せるかを設計の考慮に入れていると述べている。

　テロ事件は、施工から 27 年経過していたわけであり、ヤマサキの考えによれば、WTC ビルは（構造上の耐久性はともかくとして）、建築デザイン的には想定の寿命を過ぎていたことになる。あえて言えば、この撤去の容易さを考慮に入れて設計していたことが、意図せざる結果として倒壊を招いたとの批判も見られる。

　その一方で、大きな衝撃を食らったにもかかわらず、崩壊までかなりの時間があった。航空機の衝突自体は、想定した設計だったという。構造設計をしたレスリー・ロバートソンは「設計当時、最大の航空機であったボーイング 707 型機が衝突し、衝突面の 3 分の 2 の柱が壊されても、持ちこたえる構造だった」と語っている。

ただし、実際に衝突した航空機が想定以上に大型なボーイング 767 であり、衝突による火災の発生が想定を大幅に上回っていた可能性がある。

　このテロによってツインタワーが倒壊したことは、設計を行った関係者に相当ショックだったようで、構造設計を担当した人物がある講演会で質問に答えた際、感情を抑えきれず号泣したと伝えられる。

　注 ) Seattle native and University of Washington graduate Minoru Yamasaki gave us the United States Science Pavilion for the 1962 Seattle World's Fair. He designed the iconic Rainier Tower and what we now know as Puget Sound Plaza. His most famous work, however, is New York City's World Trade Center, which was destroyed in the Sept. 11, 2001 terrorist attacks. For more information, visit History Link, the free online encyclopedia of Washington state history: https://www.historylink.org/File/5352

### ヤマサキの素顔が見られる動画：

https://youtu.be/HFIQGVlRa3Y

## イオ・ミン・ペイ
### 1917 年 4 月 26 日 - 2019 年 5 月 16 日

国　籍 ● アメリカ合衆国　（中華民国広州市生れ）
出身校 ● マサチューセッツ工科大学（学士）ハーバード大学（修士）
受　賞 ● AIA ゴールドメダル（1979 年）
　　　　● プリツカー賞（1983 年）
　　　　● 高松宮殿下記念世界文化賞（1989 年）
　　　　● UIA ゴールドメダル（2014 年）
所　属 ● ペイ・コブ・フリード＆パートナーズ

# Ieoh Ming Pe

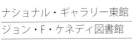

## 設計作品

I believe that architecture is a pragmatic art. To become art it must be built on a foundation of necessity.

僕は建築とは実用的芸術と考えている。
芸術となるためには
必要性に基礎をおいて建てられてしかるべきものだ。

　美しくシンプルで無駄がない。彼の建築も僕の美学上、世界建築で屈指の一つだ。特にパリの街にあのアルミとガラスのピラミッドを置いて、その美しい調和で世界をあっと言わせた＜ピラミッド＞。

　日中、夜景これほどの輝きはないほど痺れまくるのだ。パリの街並みをアンチテーゼとしてぶちまけたあのポンピドゥ・センターのレンゾ・ピアノ、これに対してパリの王宮の整然とした美しさに、天才的デザイナーの発想としてアルミとガラスの美しい近代性を、調和をもって並べ比類のシナジー効果の美しさを醸し出した IM ペイ。

　そこには彼に流れるアジア的チャイナ臭さなどひとかけらもないし、冒頭の彼の言う＜名言＞などご謙遜をといいたくなる、アメリカの功利主義の気配も一切ない、洗練そのもののパリの先端ファッションなのだ！

　あのどきっとする婦人服のファッションショーのごとくの天才デザイナーの発想なのだ！もちろんあのアルミとガラスのモジュールにて作られたピラミッドは現代の MIT エンジニアとしての洗練された技術があの巨大なエジプトのにんく（忍苦）の物量による美学からの進化と言えるのだ！

ルーヴル・ピラミッド　©casabrutus.com

©tabizine.jp

## ルーブル・ピラミッドの動画：

https://youtu.be/RSwogk05znc

https://video-streaming.orange.fr/autres/hommage-a-i-m-pei-sous-la-pyramide-du-louvre-CNT000001fNueo.html

https://www.youtube.com/watch?v=EK9HfyGUf18

スマホで関連サイトを閲覧できます

## ヨーン・ウツソン

1918 年 4 月 9 日 - 2008 年 11 月 29 日

国　籍 ● デンマーク
出身校 ● Royal Danish Academy of Fine Arts（デンマーク王立美術アカデ
　　　　ミー建築学科）
受　賞 ● アルヴァ・アールト賞（1993 年）
　　　　● プリツカー賞（2003 年）

# Jorn Utzon
# (Jørn Utzon)

## 設計作品

　デンマーク・コペンハーゲン出身の建築家。シドニー・オペラハウスの画期的なデザインで、高く評価されている建築家である。

　スウェーデン、ストックホルムの建築家グンナール・アスプルンドのもとで働いた。1946 年、アルヴァ・アールトの事務所で働き、アールトの機能主義とモダニズムをもとにしたシンプルで美しいデザインに深く共感をし、強い影響を受け、1948 年に「U336 ペンダント」をデザインした。

　1948 年頃、フェルナン・レジェとル・コルビュジエに出会う。同年、モロッコを旅行する。1949 年には奨学金を得て、アメリカ、メキシコに出かけ、タリアセンイースト及びウエストでしばらく過ごした。この頃、ミース・ファン・デル・ローエと出会う。そして、1950 年代に入ると、コペンハーゲンに戻り自身の事務所を構え世界中の建築物の設計に携わった。ヨーン・ウツォンの手掛けた建築と照明器具の中にはアルヴァ・アールトの哲学、技術、フォルムが受け継がれている。

　彼の場合、やはり巨匠に師事しまた出会いが、彼の天才的センスを昇華させたと言える。

　1963 年には、チューリッヒ新劇場の建築設計競技で1 等を獲得。1957 年、彼はオーストラリア・シドニーに建設される予定のオペラ・ハウスの建築設計競技に応募し番狂わせの勝利を収め、世界の建築界に鮮烈なデビューを飾った。

　応募基準に合わないと一旦落選していたが、審査委員だった巨匠エーロ・サーリネンが、コンクリート・シェル構造の自由な造形で建物を覆い支え

シドニー・オペラハウス ©worldheritagesite.xyz

るアイデアを気に入り、最終選考に復活させ強く支持したのだった。

　以後数年間、ウツソンはオペラ・ハウスの建設の指揮と設計の修正に取り組んだ。紆余曲折あり、コストの面で当時のシドニーの州行政府と、激しく対立して辞表を叩きつけた彼が、生涯2度とシドニーを訪れることはなかった。

　シドニー・オペラハウスは、その後を引き継いだ建築家チームの手で完成し、1973年に女王エリザベス2世によって開館した。

　2003年、ウツソンはオペラ・ハウス設計の栄誉を称えられ、シドニー大学から名誉博士号を授与された。あれだけ喧嘩したにも関わらず、彼の作品であると歴史的にも評価されたウッソンには、何か運の強さもあるが、実力であることも間違いない！世界の誰が見てもこれほど美しい建築はないかもしれない。

　これは、高齢で旅行ができないウツソンに代わり息子が受け取ったが、同時にウツソンに対しオーストラリア勲章やシドニー市の鍵なども授与された。彼はさらに、2000年、オペラ・ハウスの一部内装の再デザインの合意を交わし、当初の内装案をレセプションホールに実現する作業に取り組んだ。同じく2003年、ウツソンは建築界の最大の栄誉であるプリツカー賞を受賞した。引退後は愛妻とスペインで過ごしていた。

　2007年、シドニー・オペラハウスは、ユネスコの世界遺産に登録された。

　彼の有名な言葉：詩的英語を僕が翻訳するのも気が引けるが一応書いたが、各自味わってもらいたい。

I have made a sculpture … you will never be finished with it – when you pass around it or see it against the sky… something new goes on all the time… together with the sun, the light and the clouds, it makes a living thing.

僕が彫刻を作ったとする。でも青空を背景にして、
その作品を表裏と確かめてからでないと決してそれは
終わりではないだろうに。必ずそうする過程で
ハッと気づくことが起こるのだ。
太陽と共にその光と曇りと　まさにそれが生き物なのだ！

And with a few moments like that, with doubt from here and there, and within ourselves we were just striving for excellence. We had somehow understood and felt that all the musicians who would come to the House later on, that all the singers, the big artists, were striving for excellence in their life and we thought a house for them, there's no limit to the excellence it should have because it should match their strive for perfection

そしてしばしその様に、ここやあそこや！
どうもねえと思う疑念で、自分の中でもっと素晴らしいものを
求める努力をしているのだ。あの音楽の世界でもいよいよの
場にやってきて、真打の後で来る歌手、
それが自分の経験でもっと良いことを求めて努力する、
まさに自分の厳しいその世界、だから更に優れたことをも
止める完全を求めるその努力は限りないと思うのよ！

https://youtu.be/51m-Yvjmijl
https://search.yahoo.co.jp/image/search?p=Jorn%20Utzon&ei=UTF-8&aq=-1&oq=#d9cd18644a810d53f20bc0f7145e9b94

スマホで関連サイトを閲覧できます

# ヘニング・ラーセン
1925 年 8 月 20 日〜 2013 年 6 月 22 日

国　籍 ● デンマーク
出身校 ● Royal Danish Academy of Fine Arts
　　　　（デンマーク王立美術アカデミー建築学科）
　　　　その間ロンドンの AA スクール、マサチューセッツ工科大学で学ぶ
所　属 ● Henning Larsen Architects：https://henninglarsen.com/en
受　賞 ● RIBA ゴールドメダル（1941 年）
　　　 ● 1965 Eckersberg Medal
　　　 ● 1981 Norwegian Concrete Award for Excellent Building, for the Dragvoll
　　　　　complex in Trondheim
　　　 ● 1985 Honorary member of the American Institute of Architects
　　　 ● 1985 C.F. Hansen Medal
　　　 ● 1986 Prince Eugen Medal
　　　 ● 1987 The Daylight and Building Component Award

# Henning Larsen

- 1987 Nykredit Architecture Prize
- 1987 International Design Award, United Kingdom
- 1989 Aga Khan Award for the Ministry of Foreign Affairs in Riyadh
- 1991 Honorary member of the Royal Institute of British Architects
- 1997 Kasper Salin Prize, Sweden
- 1999 Dreyer Honorary Award
- 2001 Stockholm Award
- 2012 Praemium Imperiale（高松宮殿下記念世界文化賞建築部門）

## 設計作品

1968 The campus center in Dragvoll at the Norwegian University of Science and Technology, Trondheim

1979 The Danish embassy, Riyadh

1982–87 Commercial college and residences, Frederiksberg

1982–84 Ministry of foreign affairs, Riyadh

1984–85 Gentofte library

1992 The Møller Centre for Continuing Education, Churchill College, Cambridge

1997 Extension of Ny Carlsberg Glyptotek

1995 Egebjerggård, Ballerup

1994–1999 Extension of Malmö City Library

1999 Head office of Nordea, Copenhagen

2004 Copenhagen Opera House

2004 IT University of Copenhagen

2007 Musikens Hus (The house of music), Uppsala, Sweden

2004–2007 The Roland Levinsky Building as part of Plymouth University, England

2008–2011 Der Spiegel headquarters, HafenCity, Hamburg, Germany

2008-2011 Harpa (Concert hall and conference center), Reykjavík, Iceland

　デンマーク西部のオプスンドに生まれたラーセンは「私は子供のときから建築家になる運命だった」と語ったほど天分を持った北欧を代表する建築家だ。

レイキャビックのハルパ・コンサートホール
©tripadvisor.com

　建物の天井や窓からふりそそぐ光が床や壁に反射し、空間を神々しく包み込む作り上げるラーセン建築は眩い印象を与える。それは、周到に計算された光と空間の織りなす効果を、ラーセンは緻密に創造するのだ。

「光の巨匠」と呼ばれた。日照時間の短いデンマークで、光への渇望と敬虔な思いは幼少時に育まれたと語った。デンマーク王立アカデミー、マサチューセッツ工科大学などに学んだ後、事務所を構え、光を讃えた作品は各地のコンペを次々に勝ち抜く。

『マルメ市立図書館』(スウェーデン、1997)、『オペラハウス』(コペンハーゲン、2005) など、光と空間の相互作用によって生み出される独創的な作品は常に注目を集めてきた。『サウジアラビア外務省』(リヤド、1984) など、照りつく太陽の灼熱の中東でさえ、その光の演出を忘れない。若手建築家の育成にも熱心であり、端正な彼の緻密さの源泉を窺わせるバッハを聴きながら、スタッフと議論を重ねる姿が見て取れる。

　僕が彼の建築に接し、強力な印象を受けたのはアイスランドのレイキャビックへ旅した時だ。そこには 1986 年東西冷戦の＜終わりの始まり＞のプレリュードとなったレーガン・ゴルバチョフ会談のあったホフディ・ハ

ウス（本当に小さな小屋でそこで世界の歴史に残る大きな大きな会談）、さらには 1991 年に完成したベルトランという建物、それは高さ 25.7 メートルの建物の周囲には巨大な円筒が 6 つ並んでおり、これが温水を貯蔵するタンクとなっている。郊外の地熱発電所から送られた熱水がここに集められ、市内すべての給湯をまかなっているのだ。

　興味が尽きないアイスランドそして港町レイキャビクには僕はオーロラを見るという主目的があったが、それは芳しくなかった。そんな中でレイキャビクの閑静な港エリアにあるハルパは、コンサートホールと会議センターが合わさった市内有数の複合施設。ハニカム型（蜂の巣のような形）のガラス窓に光が反射し、キラキラと輝く外観が魅力で、内部に高い天井に向かって広がる空間も特徴的な建物こそがこの建築家の最後の作品である。下記二つのサイトでそのハルパをじっくりと見れる。
https://www.archdaily.com/153520/harpa-concert-hall-and-conference-centre-henning-larsen-architects

https://www.tripadvisor.com/Attraction_Review-g189970-d2108615-Reviews-Harpa_Reykjavik_Concert_Hall_and_Conference_Centre-Reykjavik_Capital_Region.html#/media-atf/2108615/71651453:p/?albumid=-160&type=0

作品集はこれだ。
https://stateofgreen.com/en/solution-providers/henning-larsen-architects/

スマホで関連サイトを閲覧できます

# フランク・ゲーリー

1929 年 2 月 28 日〜

国　籍 ● アメリカ合衆国
出身校 ● 南カリフォルニア大学
受　賞 ● AIA ゴールドメダル
　　　　● RIBA ゴールドメダル
　　　　● プリツカー賞
　　　　● 高松宮殿下記念世界文化賞
　　　　● アストゥリアス皇太子賞
所　属 ● Gehry Partners, LLP

# Frank
# O. Gehry

## 設計作品

デイヴィッドの小屋　　1958 年　　カリフォルニア州
アイディルワイルド＝パイン・コーブ

スティーヴス邸　　1959 年　　ロサンゼルス

クライン邸　　1964 年　　ベルエアー

アトキンソン・パーク休憩所　　1964 年　　サンタモニカ

ダンツィガー・スタジオ レジデンス　　1965 年　　ロサンゼルス

メリウェザー・ポスト・パビリオン　　1967 年　　メリーランド州

オニールの納屋　　1968 年　　カリフォルニア州

デイヴィス・スタジオ レジデンス　　1972 年　　カリフォルニア

ラウズ・カンパニー本社　　1974 年　　メリーランド州

コンコード・パビリオン　　1975 年　　カリフォルニア州

ゲーリー自邸　　1978 年　　カリフォルニア州サンタモニカ

ロヨラ大学・ロースクール　　1978 年　　ロサンゼルス

ジェミニ G.E.L　　1979 年　　ロサンゼルス

サンタモニカ・プレイス　　1980 年　　カリフォルニア州

スピラー邸　　1980 年　　カリフォルニア州ヴェニス

ベンソン邸　　1981 年　　カリフォルニア州カラバサス

映画制作者の家　　1981 年　　ロサンゼルス

アーノルディ・トライプレックス 1981 年　　ロサンゼルス

カブリロ海洋水族館　　1981 年　　カリフォルニア州サンペドロ

インディアナ・アヴェニュー・スタジオ　　1981 年　　カリフォルニア州

レベッカズ・レストラン　　1983 年　　カリフォルニア州

ロサンゼルス現代美術館別館
ゲフィン・コンテンポラリー・アット・MOCA　　1984 年　　カリフォルニア
州ロサンゼルス　　アメリカ合衆国の旗 アメリカ合衆国

カリフォルニア航空宇宙博物館　　1984 年　　ロサンゼルス

ウォスク邸　　1984 年　　ビバリーヒルズ

ノートン邸　　1984 年　　カリフォルニア州ヴェニス

ハリウッド地域支部図書館　　1985 年　　ハリウッド

ウィントン・ゲストハウス　　1987 年　　ミネソタ州オワトナ

フィッシュ・ダンス　　1987 年　　兵庫県神戸市　　日

サーマイ＝ピーターソン邸　　1988 年　　カリフォルニア州

エッジマール・センター　　　1988 年　　　サンタモニカ

シュナーベル邸　　　1989 年　　　カリフォルニア州ブレントウッド

ハーマンミラー社西部地区本部　　　1989 年　　　カリフォルニア州

ヴィトラ・デザイン・ミュージアム　　　1989 年　　　ドイツ

イェール大学精神医学研究所　　　1989 年　　　ニューヘイブン

1991 年　　　シャット／デイ／モージョー広告代理店ビルディング　　　カリフォルニア州ヴェニス

アイオワ大学先端技術研究所　　　1992 年　　　アイオワ州アイオワシティ

ユーロ・ディズニーランド　　　1992 年　　　マルヌ＝ラ＝ヴァレ　　　フランス

ビラ・オリンピカ　　　1992 年　　　バルセロナ

トレド大学美術学部　　　1992 年　　　オハイオ州トレド

ミネソタ大学ワイズマン美術館　　　1993 年　　　ミネアポリス

ヴィトラ本社ビル　　　1994 年　　　ビルスフェルデン　　　スイス

アメリカン・センター　　　1994 年　　　パリ

現シネマテーク・フランセーズ

フランクフルトの集合住宅　　　1994 年　　　フランクフルト

ディズニー・アイス・リンク　　　1995 年　　　アナハイム

EMR 情報・技術センター　　　1995 年　　　バート・エーンハウゼン　　　ドイツ

ナショナル・ネーデルランデン・ビル　　　1995 年　　　プラハ　　　チェコ

チーム・ディズニーランド管理ビル　　　1997 年　　　アナハイム

ビルバオ・グッゲンハイム美術館　　　1997 年　　　スペイン

メディア・ハーバー・ビル　　　1999 年　　　デュッセルドルフ

DG 銀行ビル（現 DZ 銀行）　　　1999 年　　　ベルリン

シンシナティ大学ヴォンツ分子科学センター　　　1999 年　　　オハイオ州コンデ

ナスト・カフェテリア　　　1999 年　　　ニューヨーク

エクスペリエンス・ミュージック・プロジェクト　　　2000 年　　　シアトル

ゲーリー・タワー　　　2001 年　　　ハノーファー

トライベッカ・イッセイ・ミヤケ旗艦店　　2001 年　ニューヨーケース・ウェスタン・リザーブ大学

ピーター・B・ルイス・ビルディング　　　2002 年　　　クリーブラン

マギー・センター　　　2003 年　　　ダンディー　　　スコットランド

ウォルト・ディズニー・コンサートホール　　　2003 年　　　ロサンゼル

R・B・フィッシャー舞台芸術センター　　　2003 年　　　ニューヨーク州

MIT レイ＆マリア・ステイタ・センター　　　2004 年　　　ケンブリッジ

プリツカー・パビリオン　　　2004 年　　　イリノイ州シカゴ

| | | |
|---|---|---|
| BP ペデストリアン・ブリッジ | 2004 年 | イリノイ州シカゴ |
| マルタ 2005 年 ハーフォード ドイツ | | |
| IAC 西海岸ヘッドクオーター 2005 年 カリフォルニア州 | | |
| ホテル・マルケス・デ・リスカル 2006 年 スペイン | | |
| IAC 本社屋 2007 年 ニューヨーク | | |
| プリンストン大学ルイス図書館 2008 年 ニュージャージー州オンタリオ | | |
| 美術館 2008 年 トロント カナダ サーペンタイン・ギャラリー・ | | |
| パビリオン 2008 年 ロンドン | | |
| デンマーク対がん協会カウンセリング・センター 2009 年 デンマークル・ | | |
| ルポ脳研究所 2010 年 ラスヴェガス | | |
| オーア・オキーフ美術館 2010 年 ミシシッピー州ビロクシエイト・スプ | | |
| ルース・ストリート 2010 年 ニューヨーク | | |
| ニュー・ワールド・シンフォニー 2011 年 マイアミビーチ | | |
| オーパス香港 2011 年 香港 | | |
| シグネチャー・センター 2012 年 ニューヨーク | | |
| メイク・イット・ライト 2012 年 ニューオーリンズ | | |
| マギーズセンター香港 2013 年 香港 | | |
| 生物多様性博物館 2014 年 パナマ市 | | |
| ルイ・ヴィトン財団 2014 年 パリ | | |
| シドニー工科大学ドクター・CC・ウイング棟 2014 年 シドニー | | |
| フェイスブック・ウェスト 2015 年 カリフォルニア州 | | |
| ピエール・ブーレーズ・ザール 2017 年 ベルリン | | |
| サイト：Gehry Partners, LLP https://www.foga.com | | |

　直線で立体を作りガラスと鉄でシンプルな美しさを求める方法は歴代の近代建築家には大勢いるし僕も基本的に好きな建築だ。しかし曲線を自由自在に使いその立体構造と美の整合性も天才的にイメージして創り上げる、いわば彫刻家、いやそれよりも人間の住む複雑な空間と三次元いや四次元のイメージをしながら創る建築家には頭がさがる。

　オスカー・ニーマイヤーやらそんなデザイナーは沢山いるが、フランク・ゲーリーのパリ郊外ブーローニュの森にあるルイ・ヴトン館は凄みがある。パリ遊学が終わってその現場に向かいまさに曲線芸術を満喫した。これは凄いと思った世界の巨匠の作品だ。

ウォルト・ディズニー・コンサートホール　©Wikipedia

©serapid.com

フランク・オーウェン・ゲーリー（Frank Owen Gehry、1929 年 2 月 28 日～ ）は、アメリカ合衆国のロサンゼルスを本拠地とする、カナダ・トロント出身の建築家。現在、コロンビア大学建築大学院教授。イェール大学でも教鞭を執っている。

https://architecture-tour.com/event/2015-frank-gehry/

　この動画　まるで有名芸術教授に習っているなという気持ちになる。只者ではない！デッサンを描くわ　音楽まで出てくる　フリードムファイター：

この動画必見：

https://www.youtube.com/watch?v=AQe3nUy0gMk

https://youtu.be/AQe3nUy0gMk

　要するに芸術は全て総合的に繋がるのだ！そしてそういうマインドを持って音楽の専門家　建築家　絵描きなど全部素晴らしい人間の最も貴重な自意識と感性とその美学だと思う。

スマホで関連サイトを閲覧できます

# リカルド・レゴレッタ・ビルチス

1931 年 5 月 7 日〜 2011 年 12 月 30 日

国　籍 ● メキシコ
出身校 ● メキシコ国立自治大学
受　賞 ● 1999 年　UIA ゴールドメダル受賞
　　　 ● 2000 年に AIA ゴールドメダル受賞
　　　 ● 2011 年に高松宮殿下記念世界文化賞建築部門

# Ricardo
# Legorreta Vilchi

## 設計作品

メキシコ日産クエルナバカ工場（1966 年）

ホテル　カミノレアル　メキシコ市（1968 年）

ザ・マーケット・プレイス（オレンジ郡、1988 年）

サンノゼ子供発見博物館（1990 年）

サンアントニオ公共図書館（1995 年）[3]

ハノーファー国際博覧会メキシコ館（2000 年）

ラティノ文化センター（2003 年、テキサス州ダラス）

テキサス A&M 大学カタール校（2007 年）

カーネギーメロン大学カタール校（2008 年）

ダヴィドカ広場（エルサレム、2010 年）

サイト　https://www.legorreta.mx

　リカルド・レゴレッタは、1952 年にメキシコ国立自治大学の国立建築学校で建築の学位を取得し、1960 年までホセ・ビジャグラン・ガルシアの事務所に勤務する。その後、ノセ・カストロとカルロス・バルガスと共同で事務所を設立した。

　レゴレッタの建築作品の特徴は、メキシコ特有の色、構造と建築の力強さといえる。メキシコという地域的な特色と、その文化的環境の現代的な解釈が、建築に投影されている。そう言うと装飾的な民俗色が出てしまうが、そこに世界に通用する洗練があることを僕は高く評価するのだ。

　聞くところによるとリカルド・レゴレッタはメキシコや国際的な才能のある画家や彫刻家の芸術作品を、建築に取り入れているという。

　それは、ルフィーノ・タマヨ、マティアス・ゲーリッツ、アレクサンダー・カルダー、イサム・ノグチ、ファン・ソリアーノ、ペドロ・フリーデベルク、ホセ・ルイス・コバルビアス、ビセンテ・ロホ、ハビエル・マリンなどだ。

　メキシコシティにあるカミノ・レアル・ホテル・ポランコは建築家のルイス・バラガンもこのホテルのプロジェクトに協力した。玄関のパティオでは、イサムノグチによる「永遠の動きの噴水」でホテルの訪問者を歓迎する。ホテルのロビーでは、アレキサンダー・カルダーの鋼の彫刻があり、

カミノ・レアル・ホテル　©architectmagazine.com

©booking.com

またルフィーノ・タマヨが、60 平方メートルという巨大な壁に灰色と紫の色合いを用いて描いている。

## 作品集：

https://search.yahoo.co.jp/image/search?p=ricardo%20legorreta&fr=top_ga1_sa&ei=UTF-8&ts=15283&aq=-1&ai=4b5b495e-5999-4e78-abf7-36ab85ca8ba9&x=nl

【Official Video】2011( 世界文化賞 ) Laureate Interview Architecture Ricardo Legorreta：
https://youtu.be/E6A-RPrs_xU

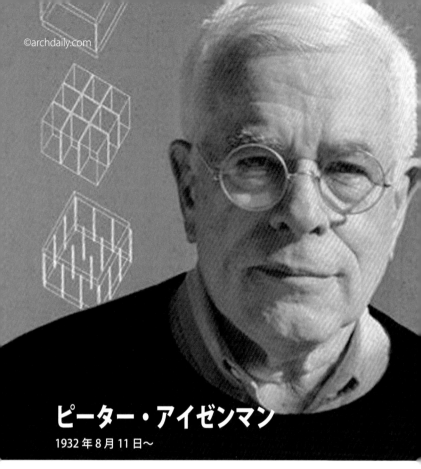

# ピーター・アイゼンマン

1932 年 8 月 11 日〜

国　籍 ● アメリカ合衆国
出身校 ● コーネル大学で学士号　コロンビア大学建築大学院で修士号
所　属 ● Eisemanarchitects
　　　　ハーバード大学、プリンストン大学、オハイオ州立大学の
　　　　教授を歴任。現在はイェール大学教授を務める

# Peter
# Eisenman

## 設計作品

## アイゼンマンの作品サイト：

https://eisenmanarchitects.com

　圧倒的迫力、圧倒的説得力、圧倒的表現力……。ただただこの建築家の語るイデオロギーにひれ伏す限りだ。まさにユダヤの民族性とルサンチマンの発露　建物というよりは空間彫刻であり空間イデオロギーだ。

　彼が語る若者への言葉は、若いうちに言語を学べ。言語とは時には映画であり時には音楽であり人間のコミュニケーションに欠くべからざるものだ！

　脱構築主義建築のアイゼンマンの建築は多くを語るのだ。

（注）脱構築主義とは、フランスの哲学者であるジャック・デリダの思想であり、建築における脱構築主義的なスタイルと聞けば、歪んだ強力な重力によってひしゃげたかのような、不安定な形態によって特徴づけられるデザインが想起される。
https://www.10plus1.jp/monthly/2014/04/issue05.php
に現代建築の前線たる脱構築主義について説明がある。

©www.pinterest.jp

# アルヴァロ・シザ・ヴィエイラ

1867 年 6 月 8 日～ 1959 年 4...

国　籍 ● ポルトガル
出身校 ● ポルト大学
受　賞 ● プリツカー賞（1992 年）
　　　 ● 高松宮殿下記念世界文化賞（1998 年）
　　　 ● RIBA ゴールドメダル（2009 年）
　　　 ● UIA ゴールドメダル（2012 年）

# Álvaro
# Joaquim de Melo
# Siza Vieira

# 15

## 設計作品

ボア・ノヴァ・レストラン Casa de Chá da Boa Nova　1958-1963 年　ポルトガル

キンタ・ダ・コンセイサォンの水泳プール　　　Piscina da Quinta da Conceição

1958-1965 年　　　　　　　ポルトガル

レサのスイミングプール Piscina de Marés de Leça da Palmeira　　　　1958-1961

年　　　　　　　　レサ・ダ・パルメイラ　ポルトガル

ピント＆ソット・マヨール銀行　Filial do Banco Pinto & Sotto Mayor 1974 年

ペーゾ・ダ・レーグア　　　　　　　ポルトガル

ベイレス邸 Casa Beires　1976 年ボヴォア・デ・ヴァルジム　　　　　ポルトガル

ボウサの集合住宅 Conjunto Habitacional da Bouça　　　1977 年　　　　　ボルト

キンタ・ダ・マラゲイラの集合住宅 Quinta da Malagueira1977 年ポルトガル

シュレジッシェス通りの集合住宅 Wohnhaus Schlesisches Tor (Bonjour

Tristesse)1983 年　ベルリン

アヴェリーノ・ドゥアルテ邸 Casa Avelino Duarte1981-1985 年ポルトガル

カルロス・ラモス・パヴィリオン　Pabellón Carlos Ramos1985 年ボル

ボルジェス・イルマン銀行 Banco Borges Irmão1986 年　ポルトガル

ポルト大学建築学部棟 Faculdade de Arquitectura da Universidade do Porto

1987-1993 年　　　　ポルト

リスボンのシアード地区（大火で焼失）の復元計画 1988 年リスボン

アヴェイロ大学給水塔 Reservatório de água da Universidad e de Aveiro　　１９８９

年　ポルトガル

マルコ・デ・カナヴェーゼスの教会と教区センター　Igreja de Marco de

Canaveses　　　　　1989 年　マルコ・デ・カナヴェーゼス　ポルトガル

ジョアン・デ・デウス幼稚園 Jardim Escola S. João de Deus　　　　　1991 年　ポ

ルトガル

オリンピック・ビレッジの気象センター Centro Meteorológico Villa Olímpica

1993 年　　　　　　バルセロナ

ガリシア現代美術センター Centro Galego de Arte Contemporânea1989 年

サンティアゴ・デ・コンポステーラ　スペインセトゥーバル教育大学 Escola

聖ジャック・ド・ラ・ランド教会
©tate-mono.blogspot.com

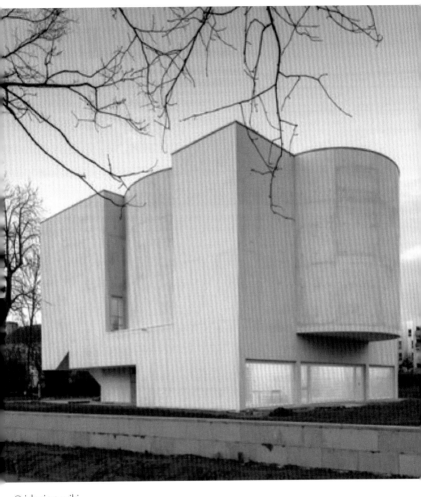

Superior de Educacao: Instituto Politecnico de Setubal　1993 年　ポルトガル

ヴィトラ社工場　　　　　　　Fábrica Vitra1993 年ドイツ

アヴェイロ大学図書館　　Biblioteca da Universidade de Aveiro1995 年ポルトガル

セラルヴェス現代美術館 Museu de Arte Contemporânea de Serralves1995 年ポルト

アルヴァロ・シザ事務所 Atelier de arquitectura　　　　　1998 年　　　　　ポルト

リスボン万博 1998・ポルトガル館 Pavilhão de Portugal na Expo'98, Lisboa

リスボン　ソウト・デ・モウラと共同　　　　　1998 年

サンティアゴ・デ・コンポステーラ大学情報科学学部棟

Universidade de Santiago de Compostela　2000 年　　サンティアゴ・デ・コンポステーラ

サーペンタイン・ギャラリー・パビリオン 2005　　　　　Serpentine Gallery Pavilion

ロンドン　ソウト・デ・モウラと共同　　　　　2005 年

コルネラ・デ・ロブレガットのスポーツ・コンプレックス Complexo Desportivo

Ribera Serrallo em Cornellá de Llobregat2006 年 バルセロナ

イベレ・カマルゴ美術館 Fundação Iberê Camargo　　2007 年　ブラジル

ゴンドマールの多目的パヴィリオン Pabellón Multiusos en Gondomar2007 年

ゴンドマール　　　　　　ポルトガル

ヴィアナ・ド・カステロ図書館 Biblioteca Municipal de Viana do Castelo　　2008 年

ヴィアナ・ド・カステロ　ポルトガル

アデガ・マヨール・ワイナリー　　　Adega Mayor Winery2008 年ポルト

ナディア・アフォンソ財団 Museu Nadir Afonso2016 年シャベシュ　ポルトガル

国際現代彫刻美術館／アバデ・ペドローザ市立美術館 Museu Abade Pedrosa2016

年　サント・ティルソ　ポルトガル　ソウト・デ・モウラと共同

聖ジャック・ド・ラ・ランド教会 Church of Saint-Jacques de la Lande2017 年　レンヌ

フランス

サイト：https://www.alvarosizavieira.com


　ポルトガルの建築家。ポルトガル随一の国際的建築家で、ポルトガル建築界を代表する存在である。ポルトガル北部、マトジーニョス（Matosinhos）生まれ。北部の大都市、ポルトを拠点としている。

　ミース・ファン・デル・ローエやル・コルビュジエに影響を受けたモダニズム建築の継承者であり、直方体や有機的な曲面、彫りの深い小さな連続窓などの幾何学的な形態と、できるだけ少ない種類の材料を使ったきわ

めて簡潔なスタイルを有している。代表作であるポルト大学建築学部など、特にポルトガル国内の作品は白一色の建物が多く、緑の丘や荒涼とした荒野に窓の少ないシンプルで寡黙な白亜の塊が並ぶ作品はしばしば詩的と評される。

彼の言葉

## エモーションが重要だ！

　シザはエモーションが建築においてもっとも重要な道具の一つだと固執する。「あのね、君たちはまさに何をやってるのか感じていなければならないそして単に問題解決をする様に合理的であってはならない。なぜならエモーションは大変重要だから。それなしには、何かが欠けてしまうのだ！〜シザ〜

彼の建築学を動画で見れる。：
https://archleague.org/article/video-alvaro-siza-vieira/

スマホで関連サイトを閲覧できます

# リチャード・ロジャース

**1933 年 7 月 23 日〜 2021 年 12 月 18 日**

国　籍 ● イギリス
出身校 ● AA スクール イェール大学大学院修士
受　賞 ● RIBA ゴールドメダル（1985 年）
　　　　● 高松宮殿下記念世界文化賞（2000 年）
　　　　● プリツカー賞（2007 年）
所　属 ● ロジャース・スターク・ハーバー・アンド・パートナーズ

# Richard Geor

## 設計作品

# Rogers

サイト：RSHP　https://rshp.com/rshp_home

ロイズ・ビルディング
©www.londonnavi.com

©Wikipedia

リチャード・ロジャースは、イギリスの建築家。リバーサイド男爵（Baron Rogers of Riverside）という一代貴族の位も持つ。彼の建築はモダニズム建築の影響を受けた機能主義的なデザイン、およびハイテク志向の建築デザインで知られている。

ロジャースはフィレンツェに生まれ、ロンドンの建築学校である英国建築協会付属建築専門大学（Architectural Association School of Architecture、通称 AA スクール）で学び、1959 年ディプロマ取得。卒業後はアメリカへ留学。イェール大学大学院を 1962 年に修了した。

イェール大学でロジャースは同じく学生だったノーマン・フォスターと知り合い、イギリスに帰った後でフォスターおよび自分たちの妻（スー・ロジャース、ウェンディ・チーズマン）の 4 人の建築家とともに「チーム 4」という建築の実験集団を結成し、ハイテク志向・工業志向のデザインで評判を得た。

1967 年にチーム 4 が解散した後、1971 年、ロジャースはレンゾ・ピアノと組んでパリのアートセンター・「ポンピドゥー・センター」のコンペで勝利した。ポンピドゥー・センターは、以後のロジャースを特徴づける、建物の内部空間をすっきりさせるため、水道管、冷暖房ダクト、電線管や電線ダクト、階段など建物の共用施設をすべてむき出しのまま建物外部にさらし出す様式を確立させた作品であった。

ポンピドゥー・センターは現在でこそパリのランドマークの一つとされ、高く評価されているが、建設当時はまるで化学工場のような外見に賛否両論であり、口さがない評論家らは内部を外部にさらけ出した姿を「内臓主義（bowellism）」と呼んだ。以後、同様の傾向の建物を多く設計している。ロイズ・オブ・ロンドンの景観は彼がエンゾ・ピアノと設計したポンピドゥ・センターのイメージの発展であることが容易に理解できるだろう。

ロジャースが数年かけて取り組んできたニューカッスル・アポン・タインの都市再生のための野心的なマスタープランが却下されて以後、彼は労働党員として、一代貴族として政治の世界で活発に動いている。

1986 年、ロイヤルアカデミーにてありうべきロンドン発表。都市計画では、サウス・バンク再開発計画（1994 年）、グリニッジ・ペニンチュラ総合基本計画（1996 年）、英国防省チェルシーバラックス再開発、上海ルー・ジア地区都市計画・浦東陸家嘴（アラップパートナーズと）などを手がけ

るると同時に、2000年には英国政府のアーバン・ルネッサンス白書を著したほか、グレーター・ロンドン・オーソリティの建築・都市デザイン委員会の議長を務めている。

　イギリス都市問題特別委員会座長として、「都市のルネッサンス」という都市政策の提言をとりまとめたほか、イギリス政府・緊急都市問題対策本部、アーバン・タスク・フォース議長、ロンドン市長の都市計画諮問機関グレーター・ロンドン・オーソリティ (GLA) 建築・アーバン・ユニット・ロンドンの都市計画に関する最高顧問、バルセロナ市都市戦略協議会顧問などを務める

　現在、ロンドンのほか、東京、マドリード、バルセロナ、ニューヨーク（プロジェクトオフィス）に事務所を設立している。また、2007年に事務所名を Richard Rogers Partnership　より、Rogers Stirk Harbour + Partners　へ改称。2012年には、新国立競技場のコンペ審査員（国外代表として2名）を、ノーマン・フォスターと共に務めた。

ハーヴァードでの講演がある。：
https://youtu.be/cf85vJTNH7I

スマホで関連サイトを閲覧できます

# リチャード・マイヤー

1934 年 10 月 12 日 ～

国　籍 ● アメリカ合衆国
出身校 ● コーネル大学建築学部（学士）
所　属 ● Richard Meir and Partners
受　賞 ● プリツカー賞

# Richard
# Meier

**設計作品**

　建築家リチャード・マイヤーは、1934 年に米国のニュージャージー州で生まれた。両親はユダヤ人。1957 年にコーネル大学で建築学士号を取得後、リチャード・マイヤーはヨーロッパと中東（イスラエル、ギリシャ、ドイツ、フランス、デンマーク、フィンランド、イタリアなど）を旅行して多くの刺激を受けた。

　マルセル・ブロイヤーの事務所で 3 年間勤務し、1963 年に独立した。キャリアの早い段階で、マイヤーは画家のフランク・ステラなどのアーティストとコラボしている。

　リチャード・マイヤーは、ニューヨークの建築家グループであるニューヨーク・ファイブ（ピーターアイゼンマン、チャールズ・グワスミー、ジョン・ヘイダック、リチャード・マイヤー）のメンバーであり、ピーター・アイゼンマンの又従兄弟（祖父・祖母の世代が兄弟姉妹）でもある。

　インディアナ州のアテネウム（1979 年）とジョージア州アトランタのハイ美術館（1983 年）で一躍有名となった。1997 年にオープンしたカリフォルニア州ロサンゼルスにある巨大な美術館複合体であるゲッティ・センターは、彼の名前を不動のものにした。

バルセロナ現代美術館　©linea.co.jp

　　リチャード・マイヤーの作品のスタイルは、20世紀初頭から20世紀半ばのモダニズムの作品、特にル・コルビュジエの初期の建築（白の時代）から多くの影響を受けた。建築の「白」は、また、スペイン、南イタリア、ギリシャの地中海地域の大聖堂や白塗りの村など、歴史を通じて多くの建築的建造物で使用されてきたもの。

下記の動画が彼が物語る建築論だ。
https://blog.miragestudio7.com/richard-meier-quotes/6808/

©tripnote.jp

スマホで関連サイトを閲覧できます

# ホセ・ラファエル・モネーオ・バリェス

1937 年 5 月 9 日～

国　籍 ● スペイン
出身校 ● マドリード工科大学
受　賞 ● UIA ゴールドメダル（1996 年）
　　　 ● プリツカー賞（1996 年）
　　　 ● RIBA ゴールドメダル（2003 年）
　　　 ● アストゥリアス皇太子賞（2013 年）
　　　 ● 高松宮殿下記念世界文化賞（2017 年）

# José Rafael
# Moneo Vallés

## 設計作品

　マドリード工科大学の建築高等技術学校（Escuela Técnica Superior de Arquitectura de Madrid）で1961年に学位をとる。1958年から1961年にかけて、マドリードで建築家フランシスコ・ハビエル・サエンス・デ・オイサの事務所に勤め、さらに20世紀半ばのスペインを代表する建築家アレハンドロ・デ・ラ・ソタやデンマークの建築家ヨーン・ウツソンに師事し、ウツソンから北欧建築の影響を受けた。

　彼はマドリード、バルセロナなど世界各地で建築を教えたほか、1985年から1990年にかけてハーヴァード大学大学院の建築デザイン・コースで長を務めた。

## 彼の名言：

I liked painting and drawing, and I liked humanities mainly - poetry, literature - this speculative attitude toward life.

僕は絵を描いたり図面を書いたりすることが好きだ。

ムルシア市庁舎
©twitter.com-michi@archisound

それに人間が好きなんだ。
詩とか小説とか。人生に対して思索する態度がね。

I don't have regrets of being an architect. You are looking continuously - to the leaves of the trees, the shapes of the cars, to the structures of the city, to the patterns of textiles - to find the reasons behind the forms. That is very rewarding. If you extend a profession like that to the entire history, it allows you to travel through time.

僕は建築家になって何も後悔はない。いつもこうして見ていられる。
木の葉っぱ、車の形、町の構造、生地の模様など
そのそもそもの形の理由など。

とても考えることは為になるんだね。もし自分の専門を全体の
歴史に拡げて見たら、そんな時間のなかで旅ができるんだよね。

At the Museum of Roman Art, the logic of the forms is very much modern.
But in spite of that, the idea of the construction could be related to a
historical time.

ローマ芸術美術館で見ると形ってのは今でも通じるモダンなんだ。
でもそれにもかかわらずそれを建設する考えは
歴史的時間に関連してくるんだよね。

I would say that to put architecture in the chain of history, to be able to
interpret and understand why we are where we are, is quite crucial.

敢えて言いたいのだが、
歴史の鎖の中に建築というものを置いて、
なぜ我々がこの場所にいる事を解釈したり理解したりするのが
実に根源的意味があるんだよね。

Buildings are always better than drawings and models.

実際に建った建物はいつでも図面や模型より良いものだ！

## 彼の作品集と講演記録

https://youtu.be/w0mYNDe3rZE
https://youtu.be/td3M8wemTzo
https://youtu.be/yU0u0H-NO3E
https://search.yahoo.co.jp/image/search?p=Rafael%20Moneo%20
designed%20works&x=nl&aq=-1&ai=47263cc8-05fe-4afc-bf1c-
1b72e483298d&ts=14938&ei=UTF-8&fr=appsfch2

スマホで関連サイトを閲覧できます

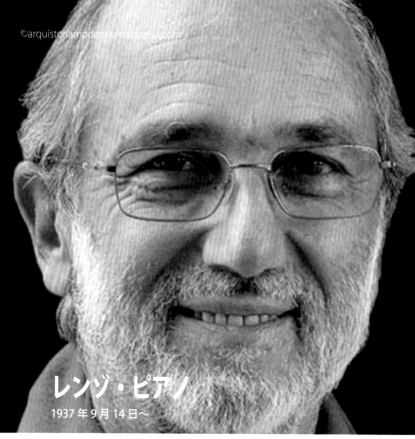

## レンゾ・ピアノ

1937 年 9 月 14 日〜

国　籍 ● イタリア
出身校 ● ミラノ工科大学
受　賞 ● RIBA ゴールドメダル（1989 年）
　　　 ● 高松宮殿下記念世界文化賞（1995 年）
　　　 ● プリツカー賞（1998 年）
　　　 ● UIA ゴールドメダル（2002 年）
　　　 ● AIA ゴールドメダル（2008 年）
所　属 ● Renzo Piano Building Workshop

# Renzo Piano

## 設計作品

| | | |
|---|---|---|
| クレー・センター | 1999–2005 | ベルン |
| ハイ美術館新館 | 1999–2005 | アトランタ |
| ピーク & クロッペンブルク | 2005 | ケルン |
| モルガン・ライブラリー増改築 | 2000–2006 | ニューヨーク |
| ブロード現代美術館 | 2008 | ロサンゼルス |
| ニューヨークタイムスタワー | 2000–2007 | ニューヨーク |
| カリフォルニア科学アカデミー新館 | 2000–2008 | サンフランシスコ |

サイト：Renzo Piano Building Workshop http://www.rpbw.com

　～当初は、デザインが斬新すぎて歴史ある建物が立ち並ぶパリの美観を損ねるなどの批判があったが、レンゾ・ピアノは「いかめしい文化施設のイメージを破壊したかった。

　これは芸術と人間のこの上なく自由な関係の夢であり、同時にまた、街の息吹が感じられる場である」と語った。～

　きっと僕は彼の素晴らしさを、あれほど嫌ったポンピドゥ・センターの設計を今や絶賛する僕の精神構造の変化と相応しているのかもしれない。あの悪夢のような美しいパリに汚らしい公害工場ができたのかと、パリを愛する僕のショッキングな事件はあのポンピドゥ・センターの設計だった。しかし時代を先取りしたあの設計　今やこんな素晴らしい設計と僕を唸らせかつパリに行くたびにこの地を美術館の中身とともに訪問するのだ。
https://youtu.be/dWl_uKWly1Q

　さらに彼の関西空港ができた時に素晴らしいと思ったことがある。
https://webdesignmagazine.net/renzo-piano/

　今度は銀座！

～ Maison Hermes Tokyo~

　銀座にあるエルメスのビル、見事な彼の設計だ。美しいガラスブロック！夢溢れる設計。このサイトはいろんな角度からこの建物を物語っている。中には建築家の素質はデッサンそのものの芸術性！そこに書かれた建築家の夢！それも何も正確なものでなくイメージを描いたものである！イメージが実物を演繹していくというものだ！

　だから建築家の素質は頭の良さというより、やはり詩人であり芸術家で

ポンピドゥー・センター　©arkitektuel.com

あり、一方で、ある建物を想定する場合、人の流れなどイメージとして捉えながらその人々がその建物で何を求めるか、つまりその建物の中で何か夢を持てるような空間のデザイナーだと言うことだ。
https://www.youtube.com/watch?v=sj6OsOSwrg0

　動画のお陰で彼の建築哲学がよくわかる。ご覧あれ！：
https://www.youtube.com/watch?v=dhIbawBv8LY&fbclid=IwAR3JioKT0eo
OYRjfqavlfr6xSPQMvLD2hbe65oD0RY3A7YYBWOjRsXERWRY

スマホで関連サイトを閲覧できます

# マリオ・ボッタ

1943 年 4 月 1 日〜

国　籍 ● スイス
出身校 ● ヴェネツィア大学建築学科
所　属 ● Mario Botta Architetto

# Mario Botta

## 設計作品

1971 年 カデナッツォの住宅、スイス、カデナッツォ

1973 年 リヴァ・サンヴィターレの住宅、スイス、リヴァ・サンヴィターレ

1976 年 リゴルネットの住宅、スイス、リゴルネット

1979 年 クラフト・センター、スイス、バレルナ

1979 年 サリータ・デ・フラーティ図書館

1981 年 マッサーニリョの住宅

1982 年 フリブール州立銀行、スイス、フリブール

1985 年 ランシーラ 1 ビル、スイス、ルガーノ [1]

1988 年 ゴッタルド銀行、スイス、ルガーノ

1990 年 モリーノ・ヌオヴォのオフィスビル、スイス、ルガーノ

1990 年 リュッツォー広場の集合住宅、ドイツ、ベルリン

1990 年 ワタリウム　日本

1991 年 ラヴォロ銀行、アルゼンチン、ブエノスアイレス

1991 年 ニッツォーラ通りのオフィスビル、スイス、ベリンツォーラ

1991 年 五大陸ビル、スイス、ルガーノ

1992 年 チェントロ 5 オフィスビル・集合住宅、スイス、ルガーノ

1992 年 ダーロの住宅、スイス、ダーロ

1993 年 カイマート・オフィス・ビル、スイス、ルガーノ

1994 年 サンフランシスコ近代美術館、サンフランシスコ、アメリカ

1995 年 UBS 本社屋、スイス、バーゼル

1996 年 ジャン・ティンゲリー美術館、スイス、バーゼル

1996 年 聖ジョバンニ教会、スイス、モーニョ

1996 年 サンタ・マリア・デリ・アンジェリ礼拝堂（スイス、モンテ・タマロ山頂）

1999 年 フランチェスコ・ボッロミーニ生誕 400 年記念碑サン・カルロ・アッレ・クワトロ・フォンターネ聖堂木造模型（スイス、ルガーノ湖畔、2003 年解体）

2001 年 ハーティング テクノロジー・グループ管理棟

2002 年 バス停の差し掛け屋根、スイス、ルガーノ

2002 年 ジェネストレリオ教区教会

2007 年 チューゲン・ベルグオアーゼ・スパ

サイト　Mario Botta Architetto http://www.botta.ch

聖ジョバンニ教会　©aflo.com

スイス・ティチーノ州メンドリーズィオ生まれ。1969 年、ヴェネツィア大学建築学科卒業。在学中にル・コルビュジェとルイス・I・カーンの助手を務めた。同年独立。ルガーノを拠点に活動（2010 年現在）。

　代表的な作品に、「サンフランシスコ近代美術館、通称 SFMoMA」（1994 年）、「スカラ座（イタリア・ミラノ）改修」（2004 年）がある。日本国内に存在する作品にワタリウム（1990 年）がある。

　マリオ・ボッタはその地域で採れる天然石やレンガ、コンクリートなどの素材を好んで用いる。幾何学的でシンプルな形を優先し、光と影を効果的に演出しながら、威圧感のある建物を軽やかでエレガントなもの変幻させる才能に特色がある。

　写真の聖ジョバン教会も見事に光と陰の演出でしかも幾何学的な美学を醸し出している。素晴らしい独創性だ。

### このスライドショウの素晴らしさ：

http://www.botta.ch/en/home

### マリオ・ボッタが建築哲学を語る：

https://youtu.be/NHKm1Q4Verw

スマホで関連サイトを閲覧できます

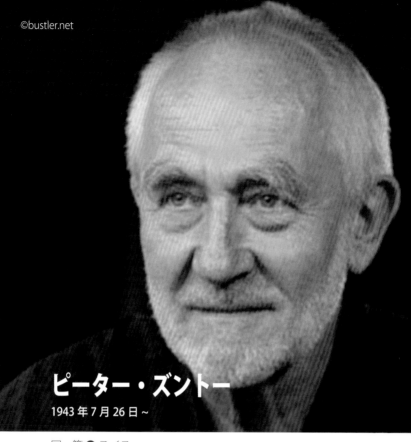

## ピーター・ズントー

1943 年 7 月 26 日 ~

国　籍 ● スイス
出身校 ● プラット・インスティチュート
受　賞 ● 高松宮殿下記念世界文化賞（2008 年）
　　　 ● プリツカー賞（2009 年）
　　　 ● RIBA ゴールドメダル（2013 年）
所　属 ● Atelier Peter Zumthor

# Peter Zumthor

## 設計作品

| | | | |
|---|---|---|---|
| アトリエ・ズントー Atelier Zumthor1986 年ハルデンシュタインアルマンナユベの亜鉛鉱山博物館 2016 年 | ノルウェー | | |
| ヴェルクラウム工芸会館 Werkraum House | 2013 年 オーストリアカ | | |
| フェ・ドゥ・モン（改修）Cafe de Mont　1970 年　スイ | | | |
| クール・ビュンドナー美術館 | Art Museum Chur1990 年スイス | | |
| クールワルデン小学校 | Elementary School Churwalden1983 スイスグ | | |
| ガルン・ハウス Gugalun House1994 年ヴェルサム　スイスコミュニティーセンター（改修）Casa Communala1970 年スイスサーペンタイン・ギャラリー・パビリオン 2011 年ロンドン | | | |
| シュピッテルホーフ集合住宅 | Spittelhof Housing1996 年スイスセキュアー・リトリート　Secular Retreat2018 デヴォンイギリステルメルバード・ヴァルス Thermal Bath Vals1996 ヴァルススイストハウス・ズントー　2005 年ハルデンシュタイ　スイス | | |
| ハウス・ルージ　2002 年 | イェーナウスイス | | |
| ハノーヴァー万博スイス・パヴィリオン 2000 年ハノーファー | | | |
| ブラザー・クラウス野外礼拝堂 2007 年　ドイツ | | | |
| ブレゲンツ美術館 1997 年 | ブレゲンツ | オーストリア | |
| マサンスの老人ホーム | 1993 年 | スイス | |
| レート・ハウス 1983 年ハルデンシュタイン | スイス | | |
| ローマ遺跡発掘シェルター 1986 年 | クール | スイス | |
| 新アトリエ New Atelier Süsswinkel2015 年ハルデンシュタイン | | | |
| 聖コロンバ教会ケルン大司教区美術館 | 2007 年ケルン | | |
| 聖ベネディクト教会 | 1989 年スンヴィッツ | スイス | |
| 塔の家（改修）Chisti | 1970 年ルンブライン | スイス | |
| 魔女裁判の犠牲者達のための記念館 | 2011 年ノルウェー | | |

サイト：Atelier Peter Zumthor https://zumthor.org

　1943 年にスイスのバーゼルに生まれた。家具製作を生業とする家庭で幼い頃から木工仕事に親しんで育ち、父親のもとで家具製作工としての職業教育を受けた。バーゼルの造形学校で "室内建築" およびデザインを学び、ニューヨークのプラット・インスティチュートでインダストリアル・

魔女裁判の犠牲者達のための記念館　©twitter.com @acrylica_yoko

©note.com

デザインを学んだ後、スイス・グラウビュンデン州（スイス南東部に位置）にて歴史的建造物の修復の仕事に携わった。

　1979 年、同州ハルデンシュタインにアトリエを設立、ここを拠点に活動を展開し、スイスの内外に作品を残している。スイス、グラウビュンデン州の小さな山里に作られた温泉スパ施設「テルメ・ヴァルス」は特に有名で、岩盤の中に穏やかな光が調和する空間を演出した。建築家としての活動のかたわら、スイスのルガーノ大学メンデリジオ建築アカデミーの教授を務めていた。

## 選りすぐった作品集

https://www.thoughtco.com/peter-zumthor-architecture-portfolio-4065270

## 英語で語る建築哲学：

https://youtu.be/JY4Djp6nBcs

スマホで関連サイトを閲覧できます

## トム・メイン

### 1944 年 1 月 19 日～

国　籍 ● アメリカ合衆国
出身校 ● 南カリフォルニア大学（USC）建築学部卒業
　　　　 ハーバード大学デザイン学部大学院修了
受　賞 ● AIA Gold Medal
　　　　 ● プリツカー賞
　　　　 ● Rome Prize
所　属 ● Morphosis　UCLA 教授

# Thom Mayne

## 設計作品

Kate Mantilini / Beverly Hills, CA, 1986

6th Street Residence, Santa Monica, CA, 1988

Cedar Sinai Comprehensive Cancer Center, Los Angeles, CA, 1988

Crawford Residence, Montecito, CA, 1990

Salick Healthcare Office Building, Los Angeles, CA, 1991

Blades Residence, Santa Barbara, California, 1995

Sun Tower in Seoul, Korea 1997[13]

Diamond Ranch High School, Pomona, California, 1999

University of Toronto Graduate House, Toronto, Ontario, Canada, 2000

Hypo Alpe-Adria Center, Klagenfurt, Austria, 2002

Caltrans District 7 Headquarters, Los Angeles, California, 2004

Science Center School, Los Angeles, California, 2004

University of Cincinnati Student Recreation Center, Cincinnati, Ohio, 2006

Public housing in Madrid, Spain, 2006[14]

Wayne L. Morse United States Courthouse, Eugene, Oregon, 2006

San Francisco Federal Building, San Francisco, California, 2006

Cahill Center for Astronomy and Astrophysics at the California Institute of
Technology, Pasadena, California, 2009

National Oceanic Atmospheric Administration (NOAA) Satellite Operation Facility,
Suitland, Maryland, 2007

New Academic Building at 41 Cooper Square, The Cooper Union for the
Advancement of Science and Art, New York, New York, 2009

Perot Museum of Nature & Science, Dallas, Texas, 2012

Bill and Melinda Gates Hall, Cornell University, Ithaca, New York, 2013

Emerson College Los Angeles Center, Los Angeles, California, 2014

サイト        https://www.morphosis.com

　アメリカ合衆国の建築家。建築設計事務所モーフォシス（Morphosis）
主宰。カリフォルニア大学ロサンゼルス校（UCLA）教授。
　1974年に、ジェームス・スタッフォードとともに、モーフォシスを結成。
　彼の建築スタイルは、ヨーロッパのモダニズム、東洋建築様式、または

Bill and Melinda Gates Hall, Cornell University ©zh.m.wikipedia.org

©archute.com

アメリカ前世代とは異なり、アメリカ西海岸、特に南カリフォルニアの文化の影響を受けているとされる。

　1972年の大学創設時から南カルフォルニア建築大学（SCI-Arc: Southern California Institute of Architecture）で教鞭を執り、カリフォルニア州立理工大学ポモナ校、カリフォルニア大学ロサンゼルス校の教授を歴任している。コロンビア大学他でも教鞭と執った。

　2005年、アメリカの建築家としてロバート・ヴェンチューリ以来14年ぶりとなるプリツカー賞を受賞。

　彼の代表作のうちの1つであるサンフランシスコ連邦政府ビル（2006）はアメリカで初めてエアコンではなく自然換気を用いたオフィスビルである。

「私はどちらかと言えば恥ずかしがり屋で、プライバシーを好み。いいたいことを言うのが好きだ。如才なくふるまうタイプではない。」

下記の動画が彼の哲学を物語っているのではないか？：

https://www.ted.com/talks/thom_mayne_how_architecture_can_connect_us?language=ja

## 名言集：

Architecture is a negotiated art, and it's highly political, and if you want to make buildings, there is diplomacy required.

建築は交渉の上の産物なのだ、
それは非常に政治的であり、
もし建築を建てたいなら、交渉術も必要なのだ！

But I absolutely believe that architecture is a social activity that has to do with some sort of communication or places of interaction, and that to change the environment is to change behaviour.

絶対的に信じているのは建築は人とのコミュニケーションや
人が会いお互い反応し合う場である、
そんな社会活動と密接に関係してくるんだということだ。

I've been such an outsider my whole life.

僕は今まで人生いつもアウトサイダーだった。
（冷ややかに　あるいは斜めに観察した様なニュアンス　あるいは一言居士で非妥協的だったのか）

I've grown up a little bit. I understand the importance of the negotiation. It is a collective act.

僕もちょっとは大人になった。
交渉というか手練手管の重要さだ。集団としての行動
（つまり自分だけが勝手にやれるわけでもない）

Architecture is a discipline that takes time and patience. If one spends enough years writing complex novels one might be able, someday, to construct a respectable haiku.

建築は時間もかかり忍耐もいる規律ある世界だ。もし人が複雑な小説を書くのに十分な時間を費やしたことがあるとすれば、ある日とても素晴らしい俳句を作れ様になる。

（この意味は建築は無駄なものを削り削り美しい建物を作ろうとする、まさに Lesser is more のファン・デル・ローエの思想がある。俳句とはあのフランス哲学者ロラン・バルトが惚れきった日本の美学の論文がある。）

You can't make anything authentic by asking people what they want because they don't know what they want. That's what they're looking at you for.

あのね建築家たるものがお客にどんなものを建てて欲しいなどと聞くのは筋違い。お客はどんなものが欲しいかなどわかってないからだ。お客は建築家に期待しているから頼んでいるのさ！

https://youtu.be/dqFG28kPg1s
https://youtu.be/ikPjtOY527U

スマホで関連サイトを閲覧できます

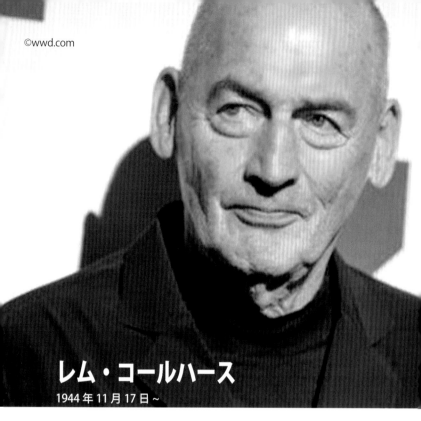

# レム・コールハース

1944 年 11 月 17 日 ~

国　籍 ● オランダ
出身校 ● 英国建築協会付属建築専門大学（AA スクール）
受　賞 ● 日本建築学会賞作品賞（1992 年）
　　　　● プリツカー賞（2000 年）
　　　　● 世界文化賞建築部門（2003 年）
　　　　● RIBA ゴールドメダル（2004 年）
所　属 ● OMA（Office for Metropolitan Architecture）　AMO

# Rem Koolhaa

## 設計作品

チェックポイント・チャーリー 1980 年　ベルリン　ドイツ

ポリス・ステーション　1982 年　アルメラ　オランダ

リンタス・ダッチ本社　1984 年　アムステルダム　オランダ

ユーラリール　1988 年　リール　　　　　　フランス

アイ・プレイン 1988 年　アムステルダムオランダ

パティオ・ヴィラ 1988 年　　　　ロッテルダム　　オランダ

ネクサスワールド レム棟・コールハース棟　1991 年　　　　　　福岡市

ヴィラ・ダラヴァ 1991 年　　　　パリ　フランス

フルカ・ブリック・ホテル改修　1991 年　フルカ峠　スイス

ビザンティウム 1991 年　アムステルダムオランダ

クンストハル　　　　　1992 年　ロッテルダム　　オランダ

ミュージアム・パーク　1994 年　ロッテルダム　　オランダ

コングレクスポ（リール・グラン・パレ）1994 年リール　フランス

オランダの家　　　　　1995 年　ホルテン　オランダ

エデュカトリアム　1997 年　　　ユトレヒト　オランダ

ボルドーの家　　　　　1998 年　ボルドー　　　　　フランス

セカンド・ステージ・シアタ　　1999 年ニューヨーク

在ベルリン・オランダ大使館　　2002 年　ベルリン

イリノイ工科大学 M・T キャンパス・センター 2003 年シカ

プラダ・ニューヨーク・エピセンター　　2003 年ニューヨーク

プラダ・ロサンゼルス・エピセンター　　2004 年ロサンゼルス

シアトル中央図書館　　2004 年　シアトル

カーサ・ダ・ムジカ　　2004 年　ポルトガル

デン・ハーグの地下鉄駅＋駐車場 2004 年ハーグ　　オランダ

サーペンタイン・ギャラリー・パビリオン 2006 年ロンドン

ディー・アンド・チャールズ・ワイリー・シアター 200 ダラコーネル大学 ミル

スタインホール　　　　　2011 年　ニューヨーク

ロスチャイルド銀行　　2011 年ロンドン　　　　　イギリス

マギーズ・ガートナベル 2011 年　グラスゴー

ガレージ・ゴーリキー・パーク　　2013 年モスクワ

インターレース　　　2013 年　シンガポール

デ・ロッテルダム　　2013 年　ロッテルダム

| | | |
|---|---|---|
| G-Star RAW 本社 | 2014 年 | アムステルダム |
| プラダ財団 | 2015 年 | ミラノ |
| ティマーハイス | 2015 年 | ロッテルダム |
| ケベック国立美術館ピエール・ラッソンド・パヴィリオン 2016 | | |
| カタール国立図書館 | 2017 年 | ドーハ　カタール |

サイト　OMA https://www.oma.com

　ジャーナリスト、脚本家を経て建築家へと転身した OMA を率いる巨匠
レム・コールハースはオランダ・ロッテルダムにある「クンストハル美術館」
やアメリカ・シアトルの「シアトル中央図書館」など、次々と建築の設計
区品を手がける建築設計事務所「OMA」の代表でもあり、ジャーナリスト、
脚本家など様々な顔を持つマルチな才能を持っていた。世界各国に点在す
る建築作品の他に、「錯乱のニューヨーク」、「S,M,L,XL」などの建築理論書
の著者としても有名な論客でもある。

　現代世界で多大な影響力を持つ理論的建築家レム・コールハーは 1944
年、オランダのロッテルダムで生まれた。彼は幼い時からインドネシア、
アメリカなど、様々な国に住みながらジャーナリストとして、また劇作家
として活動した。ロンドンの名門 AA スクールで建築を学んだ後、自ら研
究してきた理論を現実に適用し、都市の流れを再編成してみようと 1974
年、設計事務所 OMA(Office for Metropolitan Architecture) を設立た。また
研究機関である AMO も設立し、所長も務めている。

　OMA は同じくオランダを拠点に活動する MVRDV のメンバーや新国立
競技場の設計コンペで注目を集めた故ザハ・ハディット、2010 年開催の
上海万博でデンマーク館を担当した BIG 主宰のビャルケ・インゲルスなど
のちに世界で活躍する建築家を輩出している。OMA が手掛けた作品はこ
れまで、プリツカー賞や RIBA ゴールドメダルなど名だたる賞を受賞する
世界で最も有能な設計事務所の一つとも言えるだろう。
　僕は 2020 年ポルトガルのポルトでポルトガル語を習得したが、その時
美しい町ポルトにあるカーサ・ダ・ムジカを見学した。このような期待さ
れる空間のあるべくゾーレンとした流れを見事に立体化する天才肌の空間
デザインには驚くし、やはり天才だろう。

## 作品集

https://www.re-thinkingthefuture.com/article/20-works-of-rem-koolhaas-every-architect-should-visit/

## 仕事中の動画

https://youtu.be/furGSuzXZkE

　レム・コールハースは、オランダのロッテルダム生まれの建築家、都市計画家。ジャーナリストおよび脚本家としての活動の後、ロンドンにある英国建築協会付属建築専門大学（通称 AA スクール）で学び建築家となった。彼は自分の建築設計事務所 OMA（Office for Metropolitan Architecture）とその研究機関である AMO の所長である。またハーバード大学大学院デザイン学部における " 建築実践と都市デザイン " の教授でもある。

　彼は実際の建築物より著作物の方が知られている。代表作である『錯乱のニューヨーク』や、1995 年にグラフィックデザイナーのブルース・マオと競作した『S,M,L,XL』など、建築理論に関する影響力の強い本は有名である。

　『錯乱』で「マンハッタニズム」という都市理論を提唱し、摩天楼が具体的な例として取り上げた。彼は社会主義者であったが、資本主義による巨大建築を権力や宗教によるものではなく善悪の彼岸を超えたものとして評価する。

　建築作品や著作物において、一方では建築の素材を生かすこと、ヒューマンスケールの維持・注意深く練られた建築意図などヒューマニストとしての理想を守るために戦うという規範を守ろうとしているが、他方では、物質経済・人間のサイズをはるかに超えたスケールの建築・雑然とした設計意図の建物の乱立など、急速にグローバル化する資本主義社会の流れに興味を持ち、この流れに身を任せようという規範ももっている。

　この正反対の規範が起こす矛盾を、断固許容しようという姿勢を彼は貫いている。2003 年には『content』という安価な雑誌形式の本が出版され、過去十年間の OMA のプロジェクト、試み、動向、そして世界的な経済発展を振り返る内容となっている。

シアトル中央図書館
©ishirabe.com

©hash-casa.com

（ウイキペディア　https://ja.wikipedia.org/wiki/ レム・コールハース　によると）
コールハースは只者ではない理論家　彼の名言には含蓄あり。
このサイトを英文で理解に努めること：
https://blog.miragestudio7.com/rem-koolhaas-quotes/6775/

スマホで関連サイトを閲覧できます

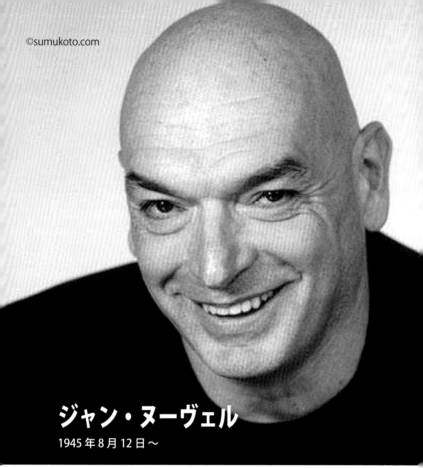

## ジャン・ヌーヴェル

1945 年 8 月 12 日～

国　籍 ● フランス
出身校 ● エコール・デ・ボザール
受　賞 ● アガ・カーン賞（1989 年）
　　　　● 高松宮殿下記念世界文化賞（2001 年）
　　　　● RIBA ゴールドメダル（2001 年）
　　　　● プリツカー賞（2008 年）
所　属 ● アトリエ・ジャン・ヌーヴェル

# Jean Nouvel

## 設計作品

　1987 年の『アラブ世界研究所』（パリ 5 区）設計で脚光を浴びた。ガラスによる建築を得意とし、『カルティエ現代美術財団』（パリ 14 区）のようにガラス面の光の反射や透過により建物の存在が消えてしまうような「透明な建築」や、多様な種類のガラスを使い独特の存在感を生み出す建築を多く作っている。

アラブ世界研究所
©http://arch-hiroshima.main.jp

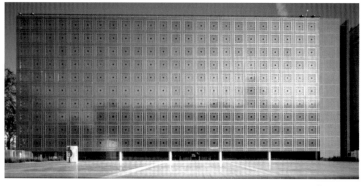

https://search.yahoo.co.jp/image/search?p=jean%20nouvel&ei=UTF-8&fr=appsfch2&x=nl

## 彼を取材した 15 分のドキュメンタリー記録：

https://architecturephoto.net/56100/
建築はきくこと！（岸田総理の言葉と同じニュアンス）
Jean Nouvel Interview: Architecture is Listening
https://youtu.be/7Z6KOMSSb8s

## 数々の美しい作品が観られる　Yahoo.fr の写真集

https://fr.images.search.yahoo.com/search/images;_
ylt=AwrjYHKzB9ligJAYKo1lAQx.;_ylu=c2VjA3NlYXJjaARzbGsDYnV0dG9u;_
ylc=X1MDMjExNDcxNjAwNQRfcgMyBGFjdG4DY2xrBGNzcmNwdmlkA1lO
bEwyakV3TGpJU2RJUy5ZUjk4c0FuMU1qUXdaZ0FBQUFBZHhvN0gEZnIDDe
WZwLXQtcwRmcjIDc2EtEZ3ByaWQNlB2U2tFWDJUaW0yRnRRMOG41
S0NTQQRuX3N1Z2cDNgRvcmlnaW4DZnlueW1haW1hZ2VzLnNlYXJjaC55YWhv
by5jb20EcG9zAzAEcHFzdHIDBHBxc3RybAMEcXN0cmwDMjIEcXVlcnkDam
VhbiUyMG5vdXZlbCUyMGRlc2lnbgR0X3N0bXADMTY1ODM5MDQ3Ng--
?p=jean+nouvel+design&fr=yfp-t-s&fr2=sb-top-fr.images.search&ei=UTF-8&x=wrt&y=Rechercher

# 第 3 章

# 近代第二ジェネレーションの世界の建築家たち

アプレ・ゲール生まれ

## ダニエル・リベスキンド

1946 年 5 月 12 日〜

国　籍 ● アメリカ合衆国
出身校 ● The Cooper Union（学士号）、エセックス大学（修士号）
所　属 ● Studio Daniel Libeskind
受　賞 ● 第 5 回ヒロシマ賞

# Daniel
# Libeskind

**設計作品**

サイト：Studio Daniel Libeskind https://libeskind.com

　彼の両親はユダヤ系でホロコーストの生存者。幼少期のリベスキンドはアコーディオンを奏で、1953年より小さな天才としてポーランド国営テレビに出演し、国民的アイドルとしての人気を集めた。

　これがきっかけでニューヨークのアメリカ・イスラエル文化基金（AICF）の目に留まって奨学金が提供されることになり、1959年の夏にポーランドからアメリカへの最後の移民船でアメリカ合衆国へ渡った。ニューヨークでは高校を卒業、同時に1965年にアメリカの市民権を取得した。

　彼の名言の中で文明論的に語る：

　〜現在のテクノロジーは無意識の扉を開けることになった——真に優れた建築はシステムを完全に破壊することができる——私たちは確実にある時代に入ろうとしている——欲望と解釈のあらゆるフォルムが消滅したとき、初めて建築と芸術の真の作用が機能し始める（ICCインタヴュー・シリーズより）〜

　イギリスのエセックス大学で歴史と建築理論で修士号を取った後、欧米各地の大学で教鞭をとり，'77〜'85年クランブルック芸術学院建築学部長を務めた。'86〜'89年イタリア・ミラノにアーキテクチェア・インターマンディウムを設立し所長となる。'94年カリフォルニア大学ロサンゼルス校建築学部教授。

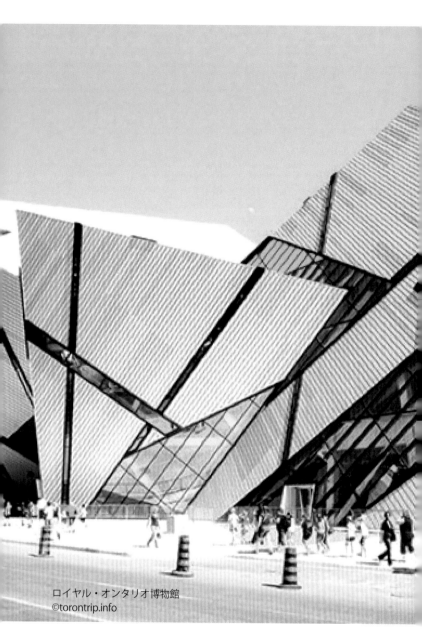

ロイヤル・オンタリオ博物館
©torontrip.info

©destinationontario.com

　以前は建築評論や、建つ見込みのない建築案に関するドローイング「マイクロメガス」などで有名で、脱構築主義の建築思想家、「建築しない建築家」として知られていたが、'87年ベルリン国際建築展（IBA）で「シティ・エッジ・プロジェクト」が満場一致で1位に指名された。

　この計画はその後ペンディングとなったが、「ベルリン・ユダヤ博物館」という別の計画が具体化され、'99年に完成．米国籍だが，現在はベルリンの壁沿いのクロイツベルク地区にアトリエをかまえる。現在，デンヴァー美術館拡張計画やロンドンのヴィクトリア・アンド・アルバート美術館拡張計画などの，巨大なプロジェクトを進行中。

　1988年のベルリン・ユダヤ博物館コンペ当選後、主として美術館や博物館などの様々な設計の仕事が舞い込んだ。2001年に広島市主催の美術

賞、第 5 回ヒロシマ賞（英語名：HIROSHIMA ART PRIZE）を受賞。

　アメリカ同時多発テロ事件後の世界貿易センター跡地再建コンペに当選し、業務・商業用ビルも手がけることとなった。これは 1776 フィート（約541 メートル）の高さの「フリードム・タワー（自由の塔）」と、数本の高層ビルとツインタワー跡地の慰霊スペースからなり、2010 年に完成したが、土地所有者のニューヨーク・ニュージャージー港湾局や、旧ビル保有者である不動産開発業者などの思惑が絡み、当初の設計案に大幅な変更が加えられた。

　現在の計画案ではリベスキンドのマスタープランを活かしつつも、個別の建物の設計は SOM や槇文彦、ノーマン・フォスターらが手がけている。

## 名言集：

To provide meaningful architecture is not to parody history but to articulate it.

意義ある建築とは歴史の模倣ではなく、
メリハリのある明確なものである！

There will be a competition for the memorial. And then it can be developed with trees, with planting. It can become a very beautiful place protected from the streets, because it is below. And it can be something very moving and very private.

メモリアルのためのコンペがあるだろう。
その時には木々や植物にて覆われているだろう。
それは街路の騒々しさより隔離された美しい場所であろう。
なぜならそれは地面の下にあるからだ。
だからこそ心打つもので個人的な空間なのである。
( 皮肉と解するべきだろう )

Life it is not just a series of calculations and a sum total of statistics, it's about experience, it's about participation, it is something more complex and more interesting than what is obvious.

人生って単なる打算の連続でもないし統計の結果でもない。
人生って可視的に明瞭なものではなくて、何を経験したか、
何に参加したかであって、
それはもっともっと複雑で意義のあるものなんだ！

彼とのインタビュー・ドキュメンタリー（CNN）：
https://youtu.be/g_GHm1Dmq1A

### 彼の作品集：

https://search.yahoo.co.jp/image/search?p=Daniel%20Libeskind%20
building%20designed%20by%20him&x=nl&aq=-1&ai=3c62117f-82e2-
49d4-9003-0c976f6b62e1&ts=24877&ei=UTF-8&fr=appsfch2

スマホで関連サイトを閲覧できます

# アルベルト・カンポ・バエザ

1946 年 10 月 14 日〜

国　籍 ● スペイン
出身校 ● マドリード建築工科大学（ETSAM）
　　　　（アレハンドロ・デ・ラ・ソータ、フリオ・カノラッソに師事）
　　　　1982 年にハビエル・カルバハルとともに博士号取得
所　属 ● Estudio de Arquitectura Campo Baeza
　　　　1986 年よりマドリード建築工科大学教授（終身教授として長年教壇に立つ）
受　賞 ● RIBA International Fellowship 2014
　　　　● Arnold W. Brunner Memorial Prize 2013
　　　　● Heinrich Tessenow Gold Medal 2013
　　　　● nternational Award in Stone 2013
　　　　● UPM Award for Excellence in Teaching 2012

# Alberto
# Campo Baeza

## 設計作品

サイト：https://www.campobaeza.com

　1946 年スペイン、ヴァリャドリードに生まれ、その後カディスに移る。祖父は建築家。父は外科医。1986 年よりマドリード建築工科大学教授。現在、終身教授として長年教壇に立つ。これまで、スイス連邦工科大学チューリッヒ校（ETHZ）、ローザンヌ工科大学、ペンシルヴァニア大学、ダブリン大学、バウハウスなどで教鞭を執り、2001 年にはコロンビア大学の研究員としてニューヨークで過ごす。主著『構築された概念』は、幾つかの言語に翻訳出版されている。マドリード在住。

　カンポ・バエザ氏は、1946 年スペイン生まれ、ファン・デル・ローエの様に "More With Less"（より少ないもので、より豊かなものを）というミニマリズムの思想を掲げ、外観は極めてシンプルな建築でありながら、内部には意図的に設けた天窓や高層窓、ガラス壁のペントハウスなどから取り込んだ、"光" に満ちた崇高な空間をつくりあげる。

　カンポ・バエザは建築家として活躍する一方で、25 年にもわたって

Olnik Spanu House©www.houzz.jp

©campobaeza.com

マドリード建築工科大学にて教鞭を執っており、教育者の立場からも建築について深く思考し続けている。まさに UPM Award for Excellence in Teaching 2012 がこれを讃えているのだ。

彼の建築哲学が書かれている。
https://jp.toto.com/publishing/detail/A0301.htm

〜テキストページのエッセイでは氏が建築の主要素とする「概念」「光」「重力」についてが 10 の散文で綴られている。氏の建築を支える概念がまとめられ、大学での講義テキストとして使用されている。時代や流行に左右された建築が氾濫する現代、カンポ・バエザの作品は新鮮であり、また建築の本来の力強さを感じさせてくれるのだ。〜

## この作品集：

https://www.archdaily.com/934005/architecture-is-to-put-in-order-a-room-a-house-a-city-in-conversation-with-alberto-campo-baeza

なんと品格ある美しいフォルムでしょうか！！ごってりしたアラビアの影響もある時には特色として強烈な情熱の原色をイメージするのがスペイン人ではあるが、バエザは異色のミニマリズムの洗練さだ。

# スティーヴン・ホール

1947 年 12 月 9 日 ~

国　籍 ● アメリカ合衆国
出身校 ● ワシントン大学
　　　　英国建築協会付属建築専門大学（AA スクール）
受　賞 ● AIA ゴールドメダル（2012 年）
　　　　高松宮殿下記念世界文化賞（2014 年）
所　属 ● スティーヴン・ホール・アーキテクツ

# Steven Holl

## 設計作品

フリント河岸の噴水公園 1975 年フリント ミシガン州

プール・ハウス／彫刻スタジオ 1981 年スカースデール

コーエン・アパートメント　　　　1983 年ニューヨーク

ペース・コレクション・ショールーム　　1986 年ニューヨーク

MoMA タワー・アパートメント 1987 年ニューヨーク

ギアダ・ショールーム　　1987 年ニューヨーク

ハイブリッド・ビルディング　　　1988 年シーサイド フロリダ州

ベルリン・アメリカ記念図書館 1988 年 ベルリン

バーコヴィッツ＝オッジス邸　1988 年マーサズ・ヴィニヤード　マサチューセッツ州

メトロポリタン・タワー・アパートメント 1988 年　ニューヨーク

ストレット・ハウス　　　1991 年 ダラス テキサス州

ネクサスワールド　　　　1991 年 福岡市

D・E・ショウ社オフィス 1991 年 ニューヨーク

ストアフロント美術・建築ギャラリー　　1993 年ニューヨーク

幕張ベイタウン・パティオス 11 番街　　1996 年千葉市美浜区

シアトル大学 聖イグナティオス礼拝堂 1997 年シアトル

クランブルック科学研究所 1998 年ブルームフィールド・ヒルズ ミシガン州

ヘルシンキ現代美術館　　1998 年ヘルシンキ

ホイットニー浄水施設　　1998 年ハムデン コネティカット州

Y ハウス 1999 年キャッツキル・マウンテンニューヨーク州

サルファティ通りのオフィス　　2000 年アムステルダム

ベルヴュー美術館　　　2001 年ベルビュー　　　　ワシントン州

リトル・テッセラクト　2001 年ラインベック　　　ニューヨーク

マサチューセッツ工科大学学生寮 2002 年 ケンブリッジ マサチューセッツ州

ミネソタ大学建築＋ランドスケープ学部棟 2002 年ミネアポリス

ロイジウム・ビジター・センター 2003 年オーストリア

光に描かれた家 2004 年イースタン・ロング・アイランド

釘収集家の家　　　　　　2004 年 エセックス　　　　ニューヨーク

プラット・インスティテュート ヒギンズ・ホール中央セクション　2005 年　ブルックリン

プラナー・ハウス　　　2005 年パラダイス・ヴァレー　　　　　ニューヨーク州

タービュランス・ハウス 2005 年 ニューメキシコ州

ロイジウム・ホテル　　2005 年ランゲンロイス　　オースト

| | | |
|---|---|---|
| アイオワ大学美術・美術史学部棟 | 2006 年アイオワシティ | |
| スイス・レジデンス | 2006 年 | ワシントン D.C. |
| ネルソン・アトキンス美術館増築 | 2007 年カンザスシティアイオワ | |
| ニューヨーク大学哲学科インテリア改修 | 2007 年 | ニューヨーク |
| クヌート・ハムスン・センター | 2009 年ハマロイ | ノルウェーヘルニング芸術 |
| センター | 2009 年ヘアニング | デンマー |
| T スペース | 2010 年ダッチェス郡 | ニューヨーク州 |
| サーフ・オーシャン文化センター | 2011 年ビアリッツ フランス | |
| キャンベル・スポーツ・センター | 2013 年ニューヨーク | |

サイト： https://www.stevenholl.com

　ワシントン州のブレマートン出身。ホールは 1970 年にワシントン大学を卒業後、1976 年にニューヨーク市に自身の建築設計事務所を設立した。1981 年以来コロンビア大学で教鞭をとっている。

　1998 年アルヴァ・アールト・メダルを受賞。2000 年にはアメリカ芸術文学アカデミー会員に選出されたほか、2001 年にはタイム誌で「アメリカの最高の建築家」として取り上げられ、2012 年には AIA ゴールドメダルを受賞など評価も高い。

　ホールの建築は初期のタイポロジーへの関心から現在の現象学的アプローチへと変化してきた。その変遷には哲学者モーリス・メルロー＝ポンティの著作、及び建築理論家ユハニ・パッラスマーの影響がみられる。

　ユハニ・パッラスマーとアルベルト・ペレス＝ゴメスと共に執筆したエッセイ『知覚の問題：建築の現象学』は建築雑誌 A+U の 1994 年特別号に掲載された。また、このエッセイは同タイトルの本として 2007 年に出版された。

ter Visual Arts Building  © dailyarchnews.com

## 設計作品と哲学を語る：

https://search.yahoo.co.jp/image/search?p=steven%20holl%20
architect%20works&fr=top_ga1_sa&ei=UTF-8

https://www.stevenholl.com/videos/

## 彼の代表作 MIT のサイモンホールの動画：

https://www.youtube.com/watch?v=iVLJ21N3b_k

スマホで関連サイトを閲覧できます

# ジョン・ポーソン

**1949 年 5 月 6 日〜**

国　籍 ● イギリス
出　身 ● 英国建築協会付属建築専門大学（AA スクール）
所　属 ● John Pawson Ltd
受　賞 ● Blueprint Architect of the Year (2005)
　　　　● RSA Royal Designer for Industry (2005)
　　　　● Region Skane Award (2006)
　　　　● Wallpaper* House of the Year (2006)
　　　　● Stephen Lawrence Prize (2008)
● Fondazione Frate Sole International Prize for Sacred Architecture (2C
● RIBA National Award (2008)
● RIBA Arts & Leisure Regional Award (2008)
● RIBA London Special Award (2008)
● German Design Council Interior Designer of the Year (2014)
● Commander of the Order of the British Empire (CBE) in the 2019 New
● Honours for services to Design and Architecture

# John Ward Pawson

## 設計作品

ロンドンのカネルケーキショップ London's Cannelle Cake Shop, いくつかのカル
バンクライン店 several Calvin Klein stores; マディソンアベニューの氷の宮殿 such
as the ice palace on Madison Avenue,work for Jigsaw (clothing retailer)

ニューワードール城のアパート New Wardour Castle apartments (2001)

ヴィドヴル修道院 the Nový Dvůr Monastery, アベイノートルダムドセプトフォン
(2004) チェコ共和国 Abbaye Notre-Dame de Sept-Fons, Czech Republic (2004)

ホテルプエルタアメリカ、マドリード Hotel Puerta America, Madrid (2005)

チュニスのメディナの家 Medina House in Tunis, and 英国のキューガーデンにあ
る王立植物園の湖の橋 the Sackler Crossing, a walkway over the lake at the Royal
Botanic Gardens, Kew (2006)

サイト　http://www.johnpawson.com/

　ど肝を抜く単純化これをミニマリズム芸術（彼は simplicity と呼んだ）
と呼ぶのだろう。洗練の極致・無駄なものが一つもない美しさ！

　僕は全く知らなかった。こんな素晴らしい単純化がこれほど輝く美しさ
があるのかと！

　彼はファミリービジネスの記事取引（ヨークシャイアー）20 歳代半ば
で東京にきた。その最後の年彼は倉俣史朗（1934 年 11 月 29 日～1991
年 2 月 1 日）というインテリアデザイナーに出会った。空間デザイン、家
具デザインの分野で 60 年代初めから 90 年代にかけて世界的に傑出した
仕事をしたデザイナーで、欧米の追随に陥らず、日本的な形態に頼るわけ
でもなく、日本国固有の文化や美意識を感じる独自のデザインによってフ
ランス文化省芸術文化勲章を受章するなど国際的に評価を受けていた。そ
のあまりの独創性ゆえ「クラマタ・ショック」という言葉まで生まれた。

　英国への帰国後、彼は家業を辞めて自分が本来向いている建築関係の
教育を受けるべく有名校 AA スクール Architectural Association School of
Architecture in London に入学した。彼の歳を考えるとその頃の僕は建築
関係は投げ捨てて、一介の商社マンとして東京にいた時だ。そんな時に同
世代の彼が建築をやり直したとは感慨深い。

Picornell House in Mallorca, Spain　©simplicitylove.com

　彼の建築哲学は＜ fundamental problems of space, proportion, light and materials. ＞
　空間とプロポーションと光と材料の基本問題がそれだ。

https://youtu.be/wcHKpCh2d4w
　この動画を見ると彼の一点の無駄な装飾のない建築の視点が理解できる。彼の単純へのこだわりはミニマリズムは日本の数奇屋造りへの愛と勝手に想像してしまう。

　その他三つの動画　これを見れば彼のミニマリズムが理解できるだろう。:
https://youtu.be/2WoxK0mLN2g
https://youtu.be/B4orldQUJxo
http://www.johnpawson.com

### 彼の名言：

Minimalism is not defined by what is not there but by the rightness of what is and the richness with which this is experienced.

ミニマリズムってどうのこうのと定義することはできないがどうあるべき正当性というものだ！そしてミニマリズムって体験するとそこにとても豊饒感があるんだ！

The minimum could be defined as the perfection that an artefact achieves when it is no longer possible to improve it by subtraction. This is the quality that an object has when every component, every detail, and every junction has been reduced or condensed to the essentials. it is the result of the omission of the inessentials.

ミニマムって完全ということで定義できるかもしれない。
完全状態ではもう何一つ削ぐことができない状況だということ！
各々の部品、各々の詳細、各々の接続がこれ以上削がれないくらいにあるいは正に必要性だけに圧縮された状態がオブジェの質として問われ、それこそが不必要なものがないという結果なのだ！

Architecture isn't just about creating new buildings, sometimes its about retuning what's already there.

建築は単に新しい建物を創造することではない。
時にはせっかくそこにある状況に再チューニングすることもあるのだ！

I know I am dying, but my deathbed is a bed of roses. I have no thorns planted upon my dying pillow. Heaven is already begun!

自分は不死身でないことはわかっている。
でも死の直前の寝台は薔薇に覆われていたいね。
（棘が枕元で痛いのではないか？）

死ぬときの枕には棘がもうないと思うよ。
僕が死ぬ時は天国の始まりなんだからね！

スマホで関連サイトを閲覧できます

# ヘルツォーク & ド・ムーロン
1950 年 4 月 19 日〜　　　1950 年 5 月 8 日〜

国　籍 ● スイス
出身校 ● スイス連邦工科大学チューリヒ校
所　属 ● HERZOG & DE MEURON
受　賞 ● プリツカー賞（2001 年）
　　　● 日本建築学会賞作品賞（2005 年）
　　　● RIBA ゴールドメダル（2007 年）
　　　● 高松宮殿下記念世界文化賞（2007 年）

# Jacques Herzog &
# Pierre de Meuron

## 設計作品

ブルー・ハウス　1979 〜 1980　　オーバーヴィル　スイス

フライ・フォトスタジオ 1981 〜 1982　　　ドイツ

ストーン・ハウス　1982 〜 1988　タヴォーレ　イタリア

シュッツェンマットの集合住宅・商業ビル 1984 〜 1993 バーゼル

ヘーベル通りの共有壁沿いの集合住宅　　1984 〜 1988 バーゼル

シュヴィッター集合住宅・オフィス　　　1985 〜 1988 バーゼル

E, D, E, N, パヴィリオン 1986 〜 1987 ラインフェルデン

リコラ社倉庫　　　　　1986 〜 1987 ラウフェン　スイス

SUVA 集合住宅・オフィス　　　1988 〜 1993 バーゼル

アウフ・デム・ヴォルフの機関車車庫　　1986 〜 1995 バーゼル

同上シグナル・ボックス 1989 〜 1994 バーゼル

ゲーツ・コレクション近代美術ギャラリー 1989 〜 1992 ミュンヘン

リコラ・ヨーロッパ社工場・倉庫 1992 〜 1993 フランス

バーゼル都市再整備計画 1995 年　バーゼル

ロシュ製薬・リサーチ・センター 1993 〜 2000　　バーゼル

漫画・戯画博物館の改造と新館 1994 〜 1996　　　バーゼル

エバースヴァルデ高等技術学校図書館　1994 〜 1999　　　ドイツ

バーゼル SBB 駅の信号所 1994 〜 1999　バーゼル

テート・モダン　　　1994 〜 2000　ロンドン

レイマンの住宅　　　1996 〜 1997　レメン　フランス

州立病院ロセッティ医薬研究所　1995 〜 1998 バーゼル

スタジオ・レミ・ザウッグ 1995 〜 1996　ミュルーズ　フランス

ドミナス・ワイナリー　1995 〜 1998 ナパ・バレー

スイス通りのアパートメント　　1996 〜 2000　　パリ

リコラ・マーケティング・ビルディング 1997 〜 1998　　　スイス

キュッパースミューレ美術館 1997 〜 1999 ドイツ

ザンクト・ヤコブ・パルク（サッカー場）1996 〜 2002 バーゼル

ラバン・ダンス・センター 1997 〜 2003 ロンドン

プラダ青山店　　　2000 〜 2003　　東京都港区

| | | | |
|---|---|---|---|
| シャラウガー・ローレンツ財団 | 1998 〜 2003 | | バーゼル |
| フォーラム・ビルディング | 2000 〜 2004 | | バルセロナ |
| アリアンツ・アレナ | 2001 〜 2005 | ミュンヘン | |
| ウォーカー・アート・センターの改築 | 1999 〜 2005 | ミネアポリス | |
| デ・ヤング記念美術博物館 | 1999 〜 2005 | | サンフランシスコ |
| ヴィトラ・ハウス | 2006 〜 2009 | ヴァイル・アム・ライン | スイス |
| ミュウミュウ青山店 | 2012 〜 2015 | 東京都港区 | |
| ニュー・テート・モダン | 2005 〜 2016 | ロンドン | |
| エルプフィルハーモニー・ハンブルク | 2001 〜 2016 | | ハンブルク |

サイト：HERZOG & DE MEURON

https://www.herzogdemeuron.com/index.html

　まず、彼らに影響を与えたヨーゼフ・ボイス（Joseph Beuys、1921年5月12日 - 1986年1月23日）について語るべきだろう。ドイツの現代美術家・彫刻家・教育者・音楽家・社会活動家でもあった。ウィキペディアによると：〜初期のフルクサスに関わり、パフォーマンスアート、ハプニングの数々を演じ名を馳せたほか、彫刻、インスタレーション、ドローイングなどの作品も数多く残している。脂肪や蜜蝋、フェルト、銅、鉄、玄武岩など独特な素材を使った立体作品を制作したが、同時代のミニマルアートとは背景となる思想が異なり、その形態と素材の選択は、彼の『彫刻理論』と素材に対する優れた感覚によっていた。

　また『社会彫刻』という概念を編み出し、彫刻や芸術の概念を「教育」や「社会変革」にまで拡張した。『自由国際大学』開設、『緑の党』結党などに関与し、その社会活動や政治活動はドイツ国内で賛否両論の激しい的となっている。しかしその思想と、『人間は誰でも芸術家であり、自分自身の自由さから、「未来の社会秩序」という「総合芸術作品」内における他者とのさまざまな位置を規定するのを学ぶのである』という言葉は、20世紀後半以降のさまざまな芸術に非常に重要な影響を残している。〜

## 彼らの建築哲学：

https://www.architonic.com/en/story/susanne-junker-herzog-de-meuron-1997-2001/7000282

ヘルツオークが哲学を語る。
https://youtu.be/mgPQlrfJYYo

To quote Jacques Herzog: "We look for materials which are as breathtakingly beautiful as the cherry blossom in Japan, as dense and compact as the rock formations of the Alps or as mysterious and unfathomable as the surface of the oceans. We look for materials which are as intelligent, versatile and complex as natural phenomena, in other words materials which don't just appeal to the eyes of the astounded art critic, but are also really efficient and appeal to all our senses – not just vision but also hearing, smell, taste and touch."

ヘルツォークの言葉を述べると：

Herzog & de Meuron 1997 - 2001 | News
Amazingly or perhaps revealingly, Herzog & de Meuron don't rely on computer software but prefer the concrete process, with sketches and models made of pasteboard, wire, Styrodur and Plexiglas – in other words models, models, models, which then seamlessly merge into numerous photos of building sites. Full-page aerial photographs display the relationship between the individual building and its location in terms of urban planning and the landscape. The drawings in the appendix mainly consist of layouts and cross sections, all of them simple black and white line drawings, highly precise and in each case indicating the scale.

我々はコンピュータのソフトウエアなど全く頼りにしていない。
大事にするのはスケッチや模型（厚紙による）やワイアー。
模型ってのは建築現場に溶け込んでいくんだよね。
航空写真などもその現場の数々の写真と
個別の建物の調和など役に立つんだ。
設計図もレイアウトや断面図の全てが
白黒のラインで極めて正確でそのスケールを明示してくれる。

エルプフィルハーモニー・ハンブルク
©jtaniguchi.com

©fashion-headline.com

172

ヘルツオーグ曰く

To quote Jacques Herzog once more: "In its physical and central diversity architecture can only survive as architecture, and not as a vehicle for some ideology or other."

建築とはその物理的
そして中心的多様性においてのみ生き残るのであって、
イデオロギーみたいな媒介など全く必要ないんだよね！

彼らの作品はこのサイトから全部検索できるようになっている秀逸のサイトだ。

https://www.herzogdemeuron.com/index/projects/complete-works/401-425/405-iglesias-ciudad-juarez.html

## そのほかに素晴らしい作品サイト：

https://youtu.be/7kf_tvDfUlo?t=15

https://www.architecturaldigest.com/gallery/herzog-and-de-meuron-architecture
https://www.dezeen.com/tag/herzog-de-meuron/

スマホで関連サイトを閲覧できます

# ザハ・ハディッド

**1950 年 10 月 31 日〜 2016 年 3 月 31 日**

国　籍 ●イギリス
出身校 ● ベイルート・アメリカン大学
　　　　英国建築協会付属建築専門大学（AA スクール）
受　賞 ● 大英帝国勲章 コマンダー（2002 年）
　　　　● プリツカー賞（2004 年）
　　　　● 高松宮殿下記念世界文化賞（2009 年）
　　　　● スターリング賞（2010・2011 年）
　　　　● 大英帝国勲章 デイム・コマンダー（2012 年）
　　　　● RIBA ゴールドメダル（2016 年）
所　属 ● ザハ・ハディッド・アーキテクツ (Zaha Hadid Architects)

# Zaha Hadid

## 設計作品

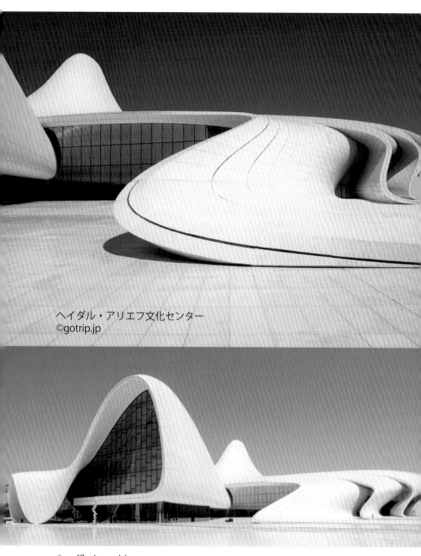

ヘイダル・アリエフ文化センター
©gotrip.jp

©waffledreamblog.com

| アントワープ港湾局 | 2016 | アントワープ　ベルギー |
|---|---|---|
| ナポリ・アフラゴーラ駅 | 2017 | ナポリ |
| キャピタル・ヒル・レジデンス | 2018 | モスクワ |
| ワンサウザンド・ミュージアム | 2019 | マイアミ |

サイト：Zaha Hadid Architects https://www.zaha-hadid.com

　現代建築における脱構築主義を代表する建築家の一人で、コンテストに優勝しても、デザインが奇抜すぎて建築されなかったことも多いことから、「アンビルト（建たず）の女王」の異名を持っていた。

　近年では、建築技術の進歩により建築可能物件が増えてきている。3次元CADを用いコンピューテーショナルデザインやパラメトリックモデリングの手法を駆使し、従来にない曲線的なデザインを実現してきた。

　東京国立競技場の幻の設計家、キャンセルとされた幻！彼女の死！そんな意味で思い出したくもないが、そこは世界の曲線建築家で好き嫌いは別にしてこのダイナミックな曲線。彼女は本当に凄い！東京に似あったかどうかは不明。まさに彼女の女性としてのエネルギーが噴火する彼女の作品の数々　二つのサイトをご覧あれ

https://blog.miragestudio7.com/zaha-hadid-quotes/6703/

https://www.youtube.com/watch?v=FwOqd5Rf0tc

## 彼女の秀逸の作品集：

https://parametric-architecture.com/10-noteworthy-works-of-zaha-hadid-zha/

スマホで関連サイトを閲覧できます

# サンティアゴ・カラトラヴァ

**1951 年 7 月 28 日〜**

国　籍 ● スペイン
出身校 ● バレンシア工科大学　チューリッヒ工科大学
所　属 ● Santiago Calatrava
受　賞 ● Awards  European Prize for Architecture
● AIA Gold Medal
● IStructE Gold Medal
● Eugene McDermott Award
● Prince of Asturias Award
● Auguste Perret Prize

# Santiago Calatrava

## 設計作品

| | | |
|---|---|---|
| フェリップ II・バック・ダ・ローダ橋 | 1987 年　バルセロナ | |
| ヴォーレン高等学校 | 1988 年　スイス | |
| ルツェルン駅改修 | 1988 年　ルツェルン | |
| チューリッヒ・シュタデルホーフェン駅 | 1990 年　チューリヒ | |
| BCE プレイス | 1992 年　トロント | カナダ |
| アラミージョ橋 | 1992 年　セビリア　スペイン | |
| モンジュイックタワー | 1992 年　バルセロナ | |
| セビリア万国博覧会のクウェート・パビリオン | 1992 年スペイン | |
| リヨン・サン=テグジュペリ TGV 駅 | 1994 年　フランス | |
| アラメダ橋 | 1995 年　バレンシア | スペイン鉄骨造 |
| 芸術科学都市 | 1996 年　バレンシア | スペイン |
| スビスリ橋 | 1997 年　ビルバオ | スペイン |
| リスボンのオリエンテ駅 | 1998 年　リスボン | |
| ムヘール橋 | 1998 年　ブエノスアイレス | |
| ビルバオ空港 | 2000 年　ビルバオ | スペイン |
| ボデガ・イシオス（Bodegas Ysios） | 2001 年スペイン | |
| ミルウォーキー美術館新館 | 2001 年　アメリカ合衆国 | |
| リフィー川のジェームズ・ジョイス橋 | 2003 年　ダブリン | |
| テネリフェ・オペラハウス | 2003 年　スペイン | |
| アテネオリンピックスポーツコンプレックス | 2004 年アテネ | |
| サンダイアル橋 | 2004 年レディング　アメリカ合衆国 | |
| ハーレマーメールに渡された 3 本の橋 | 2004 年　オランダ | |
| チューリッヒ大学の図書館の改装 | 2004 年　スイス | |
| ターニング・トルソ | 2005 年　マルメ スウェーデン | |
| 弦の橋 | 2008 年　エルサレム | イスラエル |
| リエージュ=ギユマン駅 | 2009 年　リエージュ | |
| サミュエル・ベケット橋 | 2009 年　ダブリン | |
| マドリード・オベリスク | 2009 年　マドリード | |
| オビエド市会議センター | 2011 年　オビエド　スペイン | |

| マーガレット・ハント・ヒル橋 | 2012年ダラス | | |
| --- | --- | --- | --- |
| 平和の橋 | 2012年 カルガリー | カナダ | |
| レッジョ・エミリア駅 | 2013年 イタリア | | |
| ムゼウ・ド・アマニャン 2015年リオデジャネイロ | ブラジル | | |
| ワールド・トレード・センター駅 2016年ニューヨーク | | | |

サイト： https://calatrava.com

　スペインのバレンシアで生まれ、建築学校や美術学校で学んだ後、チューリッヒのチューリッヒ工科大学で土木工学を学び、その後同大学航空学科の助手になる。

　カラトラバはロベール・マイヤールやル・コルビュジエに影響を受け、特に彼がフランス東部・ロンシャンに建てた有機的な形状の「ノートルダム・ドゥ・オー礼拝堂」(Notre Dame du Haut chapel、『ロンシャンの礼拝堂』)からは、建築においてどのようにして複雑な形状が把握され生み出されるのかを省察するきっかけになった。1981年に博士論文『スペースフレーム（立体骨組）の折りたたみの可能性について』を書き終えた後、建築家・技術者として働き始めた。
　構造エンジニアの利点である、あらゆる曲線・幕など緻密な計算が必要な建築美に挑戦する、スペイン・バレンシア出身の構造家・建築家である。空に映える白色と、構造計算を駆使して作り上げた骨や翼を組み合わせたようなフレームをトレードマークにしており、アテネオリンピックのスタジアムを手がけたほか、橋梁を多数設計するなど世界各国で活動している。

　カラトラバの独特で創造的で非常に影響力の強い建築スタイルは、無数のむき出しの骨格が調和の取れた相互作用を生み出すような強烈なヴィジュアルと、それを裏付ける厳格な理論に基づいた構造技術とを組み合わせたものである。
　彼の作品のいくつかは自然界から見つけ出した形や構造に基づいており、人間の体のようだと評されることもある。また彼の作品は建築にとどまらず、橋や人工地盤など土木の分野にまで広がっている。また多くの鉄道駅を手がけており、白くて高い骨組みの下の、明るくオープンで迷うことなく歩けるようなスタイルは高く評価されている。

彼は主に建築家・土木技術者として有名だが、画家・彫刻家でもあり、自分の建築の仕事は全ての芸術を一つに組み合わせたものだと述べている。

　拙い英語で訥々と語るこの動画は彼のチャレンジ精神　まさにエンジニアリング的素養こそが怖れを克服する大胆で美しいフォルムの源泉であることがわかる。どうしても建築を目指すものは彫刻的な古典的芸術志向が多くのデザイナーに見られるが、実は建築構造に圧倒的なバックグラウンドを持つこのスペイン建築家こそが芸術の基礎となるレオナルド以来の芸術の無限の可能性に光を与えるのだ。

https://youtu.be/h9qSRbUDWEI

---

## カラトラヴァの名言：

I have tried to get close to the frontier between architecture and sculpture and to understand architecture as an art.

僕は建築と彫刻の境界線を定めようとした。
そして結局建築は芸術だと理解できた。

Technology is constantly changing and brings you automatically into the present. In that way, it automatically makes you build for this time.

技術は日進月歩だ。
そして皆さんに自動的に贈り物をしてくれる。
そんな風にして自動的にこの度その恩恵を被るのだ！

As a building is resistant to forces acting upon it, a person must be equally tenacious in life.

建物ってそれに力が働くと抵抗する。

芸術科学都市　バレンシア
©ohmy.s8d.jp

人は同様に人生にはしっかり掴んで離さない様にしなさい。
Spanish architect Santiago Calatrava: "I will work until the last day of my life"
僕は死ぬその日まで仕事をやるからな！
The way is not always easy, but in order to bring a work through to completion, you will need a strong character, a broad foundation of knowledge and an enormous force of persuasion.
道はなかなか険しく容易ではない。
でも仕事を完成させるには、君は強烈なキャラがいる。知識の広い基礎がいる。そして人を説得する巨大な力がいるのだ。
I am always searching for more light and space.
僕はいつももっと＜明るさ＞
もっと＜空間＞を求めている。

素晴らしいね！この建築家は土木などでエンジニアリング能力を固めており だから自由自在に構造の挑戦ができるのだ！バレンシアでスペイン語を勉強した数年前、彼の建築を沢山目にした（本書「終わりに」参照）。

## カラトラヴァとのインタビュー（Euronews）：

https://youtu.be/AaGiXKChquA

## 作品集：

https://search.yahoo.co.jp/image/search?p=santiago%20caratrava&fr=top_ga1_sa&ei=UTF-8&aq=-1&oq=

©acueducto.jp

スマホで関連サイトを閲覧できます

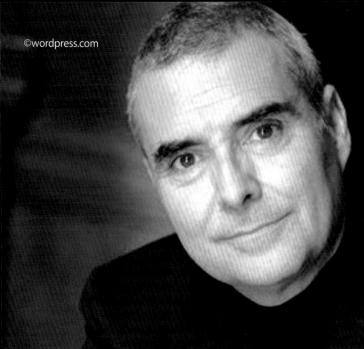

# ドミニク・ペロー

1953 年 4 月 9 日〜

国　籍 ● フランス
出身校 ● 1978 エコール・デ・ボザールにて建築の学位取得
　　　 ● 1979 国立土木学校にて都市計画の学位取得
　　　 ● 1980 社会科学高等研究院にて歴史学修士号を取得
所　属 ● Dominique Perrault Architecture(DPA) (パリ・ジュネーブ・マドリ - ド)
受　賞 ● ミース・ファン・デル・ローエ賞
　　　 ● レジオンドヌール勲章オフィシエ
　　　 ● レジオンドヌール勲章シュヴァリエ

# Dominique
# Perrault

## 設計作品

1981-1983 : Someloir factory, Châteaudun, France)

1983-1986 : Housing estate «Les Caps Horniers», Rezé-lès-Nantes, France

1984-1987: ESIEE – Academy for engineers of electronics and electrical engineering,
Marne-la-Vallée, France

1986-1990: Multi-storey industrial building « Hôtel Industriel Jean-Baptiste Berlier »,
Paris, France

1987-1993: Water processing plant for SAGEP, Ivry-sur-Seine, France

1988-1991: Conference center Usinor-Sacilor, Saint-Germain-en-Laye, France

1988-1991: Apartment building «Le Louis Lumière», Saint-Quentin-en-Yvelines,
France

1988-1994: Meuse Department Headquarters, Bar-le-Duc, France

1989-1993: Mayenne Departmental Archives, Laval, France

1989-1995: French National Library, Paris, France

1991 : Galerie Denise René, Paris, France

1992-1999: Olympic Velodrome and Olympic swimming pool, Berlin, Germany

1993-1995: Technical center of books, Bussy Saint-Georges, France

1995-1997: The Great Greenhouse for the Cité des Sciences et de l'Industrie, Paris,
France

1996-2004: Innsbruck Town Hall, Austria

1996-2019: Fourth and fifth extensions of the EU's Palais de la Cour de Justice,
Luxembourg

1997-1999: APLIX factory- Industrial manufacturing unit, Le Cellier, Nantes, France

1997-2001: Lucie Aubrac Multimedia Library, Vénissieux, France

1998-2007: Montigalà sport complex, Badalona, Barcelona, Spain

1999-2003: Three supermarkets for MPREIS group, Wattens, Zirl, Austria

1999-2004: Piazza Gramsci, Cinisello Balsamo, Milan, Italy

1999-2008: ME Barcelona Hotel, Barcelona, Spain

1999-2009: Hines office building, Barcelona, Spain

2000-2002: Parking garage Emile Durkheim, Paris, France

2001-2004: GKD-USA Factory, Cambridge, Maryland, USA

2002-2005: Café Lichtblick, terrace of town hall, Innsbruck, Austria

2002-2009: Olympic Tennis Stadium, Manzanares Park, Madrid, Spain

2004: Design of Friedrich-Ebert-Platz, Düren, Germany

2004-2006: Nô Theater, Niigata, Japan

2004-2007: Factory Rehabilitation for Dominique Perrault Architecture, Paris, France

2004-2008: Ewha Womans University, Seoul, South Korea

2004-2014: DC Towers 1, Donau City, Vienna, Austria

2005-2009: Office building, Boulogne Billancourt, France

2005-2008: Priory Park pavilion, Reigate, United Kingdom

2005-2009: Metropolitan Hotel, Perpignan, France

2005-2012: Housing, offices and shops, Zac Euralille 2, Lille, France

2006-2009: Office building, Onix, Lille, France

2006-2009: NH- Fiera Milano 4 star Hotel, Milan, Italy

2006-2010: Fukoku Tower, Osaka, Japan

2006-2012: Rouen Sports Palace, France

2007-2010: Krisztina Palace Facades, Budapest, Hungary

2007-2011: Housing and offices «La Liberté», Groningen, Netherlands

2007-2014: B&B hotel, Paris, France

2008-2011: Arganzuela footbridge, Madrid, Spain

2009: Sammode office building, Paris, France

2009-2011: Residential complex, Jeju Island, South Korea

2009-2014: Albi Grand Theater, France

2011 : Installation «Open Box» for the Gwangju Biennale, South Korea

2011-2013: BnF MK2 – Commercial development of the French National Library, site François Mitterrand, Paris, France

2011-2013: Ecole Polytechnique Fédérale de Lausanne. Rehabilitation / extension of the former Library (BI), Lausanne, SwitzerlandDominique Perrault

https://youtu.be/k7MHaylsiq0

公式サイト　　　　　　　　www.perraultarchitecte.com/en/homepage/

　フランスの建築家ドミニク・ペローは、80 年代後半、フランス国立図書館の国際コンペティションに、36 歳の若さで勝利したことで、世界的

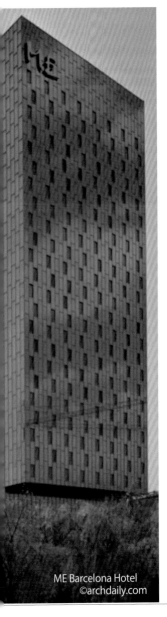

ME Barcelona Hotel
©archdaily.com

に有名な存在となった。

　本を開いたかのような形の4つの高層棟が中庭を取り囲み、同時に都市に開いて建つこの建物は、建築界とって刺激的であった。彼のの作品の特徴とは、新しい建築をいかに文化的、地理的な背景と結びつけ、現在進行形の歴史の一部とするか、という視点です。その建築は周辺と安易に迎合することはなく、エネルギッシュで、これ以上ないほどシンプルである。それは人びとの意識が土地の歴史的意味を問いかけるような姿である。

### ドミニク・ペローのプロジェクト（インタビュー）

https://www.floornature.de/dominique-perrault-11027/

### 作品集

https://divisare.com/authors/110521591-dominique-perrault-architecture/projects/built?page=2#

# デイヴィッド・チッパーフィールド

1953 年 12 月 18 日〜

| | | |
|---|---|---|
| 国　籍 | ● | イギリス |
| 出身校 | ● | キングストンポリテクニック、AA スクール卒業 |
| 受　賞 | ● | RIBA スターリング賞 |
| | ● | RIBA ゴールドメダル |
| | ● | アンドレア・パッラーディオ賞 |
| | ● | Tessenow Gold Medal |
| 所　属 | ● | David Chipperfield Architects |

# Sir David Alan Chipperfield

## 設計作品

America's Cup Building, Valencia, Spain　©twistedsifter.com

©davidchipperfield.com

ダグラス・スティーヴンやリチャード・ロジャース、ノーマン・フォスターらの下で働いたのち 1984 年に自らの事務所デイヴィッド・チッパーフィールド・アーキテクツを立ち上げる。15 カ国から 250 人を超えるスタッフが彼のもとで働いている。ヨーロッパでは特にドイツでの功績が大きい。

## 朱玉の言葉：

There is a danger when every building has to look spectacular; to look like it is changing the world. I don't care how a building looks if it means something, not to architects, but to the people who use it.

建物が壮観に見える時は危険だ。それは世界を変える様な風に：僕は建物がどう見えようとあまり気にしない。それが建築家にとって意味があるのではなくて、その建物を実際使う人々にとって意味がある限り気にしない。

The difference between good and bad architecture is the time you spend on it.

建築が良いか悪いか
その差は何時間その建築にあなたが時間を使ったかということだ。
Differences, Architecture, Good And Bad

"'In Britain, money and marketing are what matter most'".

英国では金やマーケティングが最も重要なんだね。

Seeing architecture differently from the way you see the rest of life is a bit weird. I believe one should be consistent in all that one does, from the books you read to the way you bring up your children. Everything you do is connected.

建築をこれから君が残りの人生の行き方を
変えようなどという観点から見るのはうっとおしい。
今まで通り一貫していてほしいし本の読み方やら教育方針など
続けてほしい。あなたがやることは全て過去現在未来繋がってるのよ！

## 設計作品集

https://search.yahoo.co.jp/image/search?p=Sir%20David%20Alan%20Chipperfield%20%3Aarchitects%20designed%20by%20him&sp=1&ei=UTF-8

## 動画：

https://youtu.be/5_3S5hy8H-k

## 彼が語るインスピレーションと建築

https://www.architecturaldigest.com/video/watch/sir-david-chipperfield-reveals-the-inspiration-behind-his-latest-blueprint

スマホで関連サイトを閲覧できます

# ニキータ・ヤ

1954 年～

国　籍 ● ロシア
出身校 ● レニングラード工科大学
　　　　（現在ペテルスブルグ国立建築・土木大学建築学科卒　1977
所　属 ● Studio-44  St. Petersburg Academy of Fine Arts 講師
　　　　ロシア連邦 Union of Architects のボードメンバー
受　賞 ● 2001 Honored Architecture of Russian Federation.

# Nikita Yavein

**設計作品**

ペテルスブルグ歴史的中心の最高と発展のためのプロジェクト（The programs
of saving and development of historic centre of St. Petersburg, restoration of the
city's architectural heritage.）ヤヴェイン指揮のもと、ペテルブルクでは街でもっ
とも新しいラドシスキー鉄道駅、ボリス・エイフマンダンスアカデミーなどが建
設された。

サイト： https://archi.ru/en/studios/916/studiya-44

　彼はペテルスブルグ生まれのロシア人で代々建築家の家系だ。

　ペテルブルクは素晴らしい建築物を誇る世界でもっとも美しい街の一つ
で、そこに新たな建築物や公共施設を設計するのは易しいことではない。
しかし、そんな中ヤヴェイン（1954年生まれ）とそのチームは、エルミター
ジュ美術館の本館の大規模改修工事を一任された。

　ヤヴェイン指揮のもと、ペテルブルクでは街でもっとも新しいラドシス
キー鉄道駅、ボリス・エイフマンダンスアカデミーなどが建設された。

　僕がペテルスブルグを満喫したのは数年前だった。その時はバレエとオ
ペラのロシア芸術の本場で毎晩そんな出し物を楽しみ、また本場の共産主
義が倒れた後の、競争社会での美味しいロシア料理をふんだんに満喫した。

　そんな中で日中はカテリーナ大帝の夏の家など郊外を含めドライブを楽
しみ、道中現代のプーチンという大帝が建てた広大な屋敷があれだと横目
で見ながら過ぎたものだ。どのタクシーの運転手も異口同音に口汚くプー
チンを罵っており、世界の最大の富豪は国民からの金で自分用にせしめた
プーチンが世界一だろうと揶揄していた。

　ドストエフスキーの家も探し当てて行った。「一つの微細な罪悪は百の
善行に償われる」「選ばれた非凡人は、新たな世の中の成長のためなら、
社会道徳を踏み外す権利を持つ」という独自の犯罪理論をもとに、金貸し
の強欲狡猾な老婆を殺害し、奪った金で世の中のために善行をしようと企
てるも、殺害の現場に偶然居合わせたその妹まで殺害してしまう。

　この思いがけぬ殺人に、ラスコーリニコフの罪の意識が増長し、苦悩す
る。しかし、ラスコーリニコフよりも惨憺たる生活を送る娼婦ソーニャの、

ペテルスブルグ・エルミタージュ美術館　©www.tripzaza.com

家族のためにつくす徹底された自己犠牲の生き方に心をうたれ、最後には
自首する。人間回復への強烈な願望を訴えたヒューマニズムが描かれた小
説である。あの『罪と罰』の粗筋だが、ふとその時プーチンと強欲狡猾な
老婆とを連想した。蛇足ながら……。

　さて、いまエルミタージュ博物館を見学した時、その近代化の素晴らし
い手法に感動した、それは正にモダニズムをエルミタージュに調合した、
建築家について誰がこの仕事をしたのかと聞いたものだ。実際、偶然その
近代化建築リフォーム実施設計がこのスタジオ４４とわかり、この建築家
を調べてわかることだけを書いた。

　下記はヴェニス・ビヤンビナーレにて建築家にインタビューしたものが
あり彼の哲学を垣間見れる：
https://archi.ru/en/80036/nikita-yavein-we-work-on-the-architecture-of-
streams

©travel-noted.jp

　ロシアの建築家は垢抜けたデザインが沢山あり、ペテルスブルグではエルミタージュの改造など Studio-44 の功績は凄いのだが、このサイトには他の建築家の画像もあるがロシアの建築家のレベルを垣間見る。Studio-44 がヤヴェインが主宰する建築家集団だ！
https://smapse.com/top-12-beautiful-and-modern-buildings-in-st-petersburg/#

スマホで関連サイトを閲覧できます

シェティル・トールセン
1958年6月14日〜
&クレイグ・ダイカース
1961年〜

出身校 ● トールセン　the University of Innsbruck, Austria 建築学部
　　　　ダイカース　the University of Texas at Austin 建築学部
所　属 ● スノヘッタ建築集団：Snøhetta　設立1989年
　　　　所在地　　ノルウェー オスロ
　　　 ● 他のパートナー　　ロバート・グリーンウッド
　　　　　　　　　　　　　　オーレ・グスタフセン
　　　　　　　　　　　　　　タラルド・ルンドヴァル
　　　　　　　　　　　　　　ジェニー・オスルドセン
受　賞 ● アーガー・ハーン建築賞（2004年）

# Kjetil Trædal Thorser
# & Craig Dykers

## 設計作品

ウェブサイト https://snohetta.com

　スノヘッタ（スノーヘッタ、Snøhetta , ノルウェー語：Snøhetta arkitektur landskap AS）は、オスロ（ノルウェー）およびニューヨークに拠点を置く、国際的な建築・ランドスケープ・アーキテクチャーおよびインテリアデザインの設計事務所。

　ノルウェーの建築家シェティル・トレーダル・トールセン（ヒェティル・トールセン、ヒュティル・トールセン、Kjetil Trædal Thorsen、1958 年生まれ）と、ドイツ生まれでアメリカで活躍する建築家クレイグ・ダイカース（Craig Dykers、1961 年生まれ）がこの事務所の主な建築家である。

　ほかに建築家ロバート・グリーンウッド（Robert Greenwood）、建築家オーレ・グスタフセン（Ole Gustavsen）、建築家タラルド・ルンドヴァル（Tarald Lundevall）、およびランドスケープ・アーキテクトのジェニー・オスルドセン（Jenny Osuldsen）の 4 人がパートナーとなっている。2010

Oslo Opera House ©walpa.jp

年現在で、スノヘッタでは 120 人の建築家やランドスケープ・アーキテクトが、アジア・アメリカ・ヨーロッパなど各地のプロジェクトを手がけている。

　現在のスノヘッタは、エジプトの新アレクサンドリア図書館の建築設計競技をきっかけに結成された。2004 年には新アレクサンドリア図書館の設計でアーガー・ハーン建築賞を受賞している。

　僕はたまたま、上智大学大学院にて神学を勉強しているときに、旧約聖書の研究者で有名な教授の引率でイスラエル聖地巡りを行なった、その後一行と別れ 1 人で今まで北欧で唯一訪れたことがなかったノールウエーに旅行した（ハンザ同盟の町美しいベルゲンからフィヨルド満喫そしてオスロ）際に、小綺麗で自由の空気が溢れるオスロに到着モンク美術館などの絵画を楽しんだが、その際美しいオペラ・ハウスに圧倒的に魅了された体験がある。

　建築への興味と美意識に火が付く瞬間は、何か発見して興奮するような、

世界を公私とも旅行する僕のような人種には堪らない魅力なのだ。この建物をオスロの雲ひとつない夏の青空もと楽しんだ。そんなわけでこの建築集団の名前を知り、この北欧建築の粋を極めたデザインを改めて高く評価するものだ。この本のどこかに出す予定だが、僕の顔写真付きの建物を添付するつもりだ。

　さて、スノヘッタは多くの組織変更を重ね、2006 年には 2 人の主要パートナーと 4 人のパートナーという形になっている。国籍の異なる、文化や背景を持つメンバーが集まって共同作業を行うという基本的な理念は今も保っている。

　特にルーツの一つであるスカンジナビアやノルウェーの文化は、スノヘッタの作業に対し、社会意識や環境意識に対する理解などの特色を加えているが、北欧文化は他地域と異なり、洗練の粋を極めるというものであって、民俗的な匂いがない純粋な美学がむしろ民俗としての臭みがないので僕などの美学と一致する。最後に彼らは、21 世紀に入り、建築の置かれる場所の文脈や状況の理解を深める作業も続けている。

## この建築集団：Snøhetta

https://youtu.be/h-4USfCirF8 スノヘッタ建築集団の紹介

https://youtu.be/ijbrC3E9U1s 僕も感動したオスロのオペラ・ハウス　動画
https://youtu.be/ps47HxdFP98 トールセンが語る建築哲学

スマホで関連サイトを閲覧できます

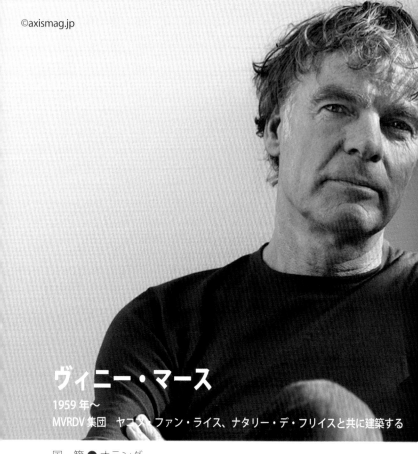

# ヴィニー・マース

1959 年～

MVRDV 集団　ヤコブ・ファン・ライス、ナタリー・デ・フリイスと共に建築する

国　籍 ● オランダ

出身校 ● デルフト工科大学

構　成 ● MVRDV（エムブイアールディーブイ）1991

オランダのロッテルダムを拠点とする建築家集団。

MVRDV の由縁：ヴィニー・マース (Winy Maas, 1959 年～ )

ヤコブ・ファン・ライス (Jacob van Rijs, 1964 年～)

ナタリー・デ・フリイス (Nathalie de Vries, 1965 年～ )

# Winy Maas

## 設計作品

| | |
|---|---|
| 1997 年 - 高齢者のための 100 戸の集合住宅『オクラホマ』(アムステルダム) | |
| 1997 年 - VPRO 本社 | |
| 2000 年 - ハノーヴァー万博オランダ館 | |
| 2001 年 - ハーゲンエイランド | |
| 2002 年 - サイロ＝ダム (アムステルダム) | |
| 2003 年 - まつだい雪国農耕文化村センター (新潟・十日町市松代) | |
| 2005 年 - ミラドール (マドリード) | |
| 2007 年 - パークランド (アムステルダム) | |
| 2007 年 - GYRE (東京・表参道) | |
| 2012 年 - ブック・マウンテン (スパイケニッセ) | |
| 2012 年 - グラス・ファーム (スケインデル) | |
| 2014 年 - ロッテルダム・マーケット・ホール (ロッテルダム) | |
| 2017 年 - 浜海図書館 (天津) | |
| ウェブサイト | https://www.mvrdv.nl |

　ヴィニー・マース MVRDV に所属するオランダ人ランドスケープ・アーキテクト。アーバニスト。オランダ・スフェンデル生まれ。

　当初は RHSTL ボスコープでランドスケープ・アーキテクチュアを、1990 年にデルフト工科大学で建築と都市計画を学ぶ。卒業後、レム・コールハースの主宰する建築設計事務所 OMA (Office for Metropolitan Architecture) などを経て、ヤコブ・ヴァン・リー，ナザリー・ド・ヴライらと、MVRDV 設立。
　現在ではマサチューセッツ工科大学建築学部建築デザインの客員教授、デルフト工科大学で建築と都市デザインの教授。他にベルラーヘ・インスティテュート、オハイオ州立大学、エール大学客員教授。2005 年には、ベルラーヘ・インスティチュートとプロジェクト "Cube" を発表。
　このほか、自身の事務所やシンクタンク「WHY FACTORY」を通して着想を得た、新しい都市計画のプロトコルを背景にしたネットワーク社会理論を調査している。

　ヴィニー・マース (MVRDV 主宰) へのインタビュー
　https://architecturephoto.net/136701/

ドイツ・マンハイム高層集合住宅 「the 'O'」
©architecturephoto.net

　HOME の 4 文字の中の "O" の形をした建築で、"O" の中心部にパブリックテラスが設けられ、エリアの " リビングルーム " としての役割も果たす。

スマホで関連サイトを閲覧できます

# アレハンドロ・ガストン・アラベナ・モリ

1967 年 6 月 22 日～

国　籍 ● チリ

出身校 ● Pontifical Catholic University of Chile（チリ・カトリック教皇庁大学）

所　属 ● Alejandro Aravena Architects　ELEMENTAL S. A.
　　　　　ELEMENTAL が主導するプロジェクトも率いる

受　賞 ● Global Award for Sustainable Architecture (2008)
　　　　● ritzker Architecture Prize (2016)
　　　　● Urban Land Institute J.C. Nichols Prize for Visionaries
　　　　　in Urban Development (2019)

# Alejandro Gastó
# Aravena Mori

## 設計作品

「シャムの塔 "Siamese Towers" 」

「コレヒオ・ウェルクェン・モンテッソーリ」

「彫刻家の家」

「ピリウェイコ湖に面する家」

テキサス州オースティンの聖エドワード大学にある

ヴァイル・アム・ラインのスイス企業「ヴィトラのアート・ワークショップ」

サンティアゴの都市公園などの設計

サイト： ELEMENTAL S. A.

https://archinect.com/firms/cover/145731740/elemental-s-a

　サンティアゴ生まれ。2000 年から 2005 年までの間、ハーヴァード大学のグラデュエイト・スクール・オブ・デザインで客員教授を務めた。現在、チリ・カトリック大学の Elemental-Copec Professor を務める。

　著作は、
・Los Hechos de la Arquitectura (ARQ, 1999),
・El Lugar de la Arquitectura (ARQ, 2002)
など、
・Elemental: Incremental Housing and Participatory Design Manual (Hatje-Cantz, 201)
といったモノグラフがある。

　2009 年から 2015 年までプリツカー賞の審査員団の一員を務め、現在は王立英国建築家協会の国際フェローである。

　アラベナは、社会的な関心を持つ営利企業 ELEMENTAL S. A. の執行役員に 2006 年に就任した。2015 年 7 月には、ヴェネツィア・ビエンナーレの建築部門ディレクターに指名され、2016 年にヴェネツィアで開催される第 15 回国際建築展のキュレーション責任者となった。

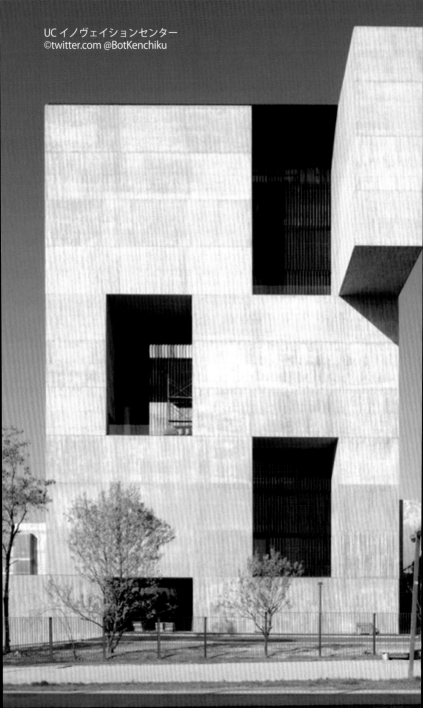

UC イノヴェイションセンター
©twitter.com @BotKenchiku

## 彼が建築哲学を語る。

https://youtu.be/o0l0Poe3qlg
https://www.archdaily.com/tag/alejandro-aravena
https://divisare.com/authors/30199-elemental-alejandro-aravena

©twitter.com@BotKenchiku

## トーマス・ヘザウィック

1970 年 2 月 17 日〜

国　籍 ● イギリス
出身校 ● マンチェスター工科大学、
　　　　ロイヤル・カレッジ・オブ・アートで 3D デザインを学ぶ
所　属 ● Heatherwick Studio

# Thomas Heatherwick

## 設計作品

| | |
|---|---|
| The Rolling Bridge (2005) | |
| B of the Bang (2005) | |
| East Beach Cafe (2005) | |
| UK pavilion at Expo 2010 | |
| Longchamp store in SoHo | |
| Olympics cauldron (2012) | |
| Zeitz MOCAA (2017) | |
| Vessel (structure) (2019) | |

受賞 CBE（Commander of the British Empire）

2004 年　英国王室より Royal Designer for Industry（王室工業デザイナー）に選ばれる

2006 年　Prince Phillip Desiners Prize（プリンス・フィリップ賞）

2010 年　London Design Medal（ロンドン・デザイン・メダル）／ RIBA Lubetkin Prize（王立英国建築家協会 ルベトキン賞）

サイト https://www.heatherwick.com

　ロンドン出身の鬼才だ！

　建築家というよりデザイナー、3 次元デザイナーと呼ぶべきかもしれない。

　マンチェスター工科大学、ロイヤル・カレッジ・オブ・アートで 3D デザインを学ぶ。卒業後、1994 年にヘザウィックスタジオを設立。2006 年に英国の王立芸術協会より最年少で王室工業デザイナーに任命される。2010 年上海万博の英国パビリオンや、2012 年ロンドン五輪の聖火台などが有名。テレンス・コンラン卿から「現代のレオナルド・ダ・ヴィンチ」と称された。

The Hive located in Nanyang Technological University in Singapore
©wikiwand.com

©www.timeout.com

スマホで関連サイトを閲覧できます

## ビャルケ・インゲルス

1974 年 10 月 2 日 ~

国　　籍 ● デンマーク

出身校 ● デンマーク王立美術院 (Royal Danish Academy of Fine Arts, School of Architecture ) カタルーニャ工科大学

所　　属 ● Bjarke Ingels Group (BIG)

受　　賞 ● 2008 Forum AID Award for Best Building in Scandinavia in 2008 (for Mountain Dwellings)

2008 World Architecture Festival Award for Best Residential Building (for Mountain Dwellings)

2009 ULI Award for Excellence (for Mountain Dwellings)[84]

2011 Prix Delarue, French Academy of Architecture, Paris [85]

2013 Progressive Architecture Award for Kimball Art Center[86]

2013 Red Dot Award: Product Design, 'Best of the Best' | Architecture & Urban Design (for Superkilen)[87]

2013 International Olympic Committee Award, Gold Medal[88] (for Superkilen)

# Bjarke Ingels

2013 ArchDaily Buildings of the Year (for Superkilen)

2013 Mies Van Der Rohe Award, Finalist (for Superkilen)

2013 Den Danske Lyspris (for Gammel Hellerup High School)[89]

2014 Architizer A+ Awards Jury Winner
 (for the Danish Maritime Museum and Gammel Hellerup Gymnasium)

2014 Honor Award, American Institute of Architects
(for the Danish Maritime Museum)

2014 Royal Institute of British Architects Awards European National Winner
(for the Danish Maritime Museum)

2014 European Prize of Architecture Philippe Rotthier
(for the Danish Maritime Museum)

2014 Archdaily Cultural Building of the Year
 (for the Danish Maritime Museum)

2014 Re-thinking the Future, First Award (for Vancouver House)[90]

2014 Den Nordiske Lyspris (for Gammel Hellerup Gymnasium)

2014 World Architecture Festival Cultural Category Winner
(for the Danish Maritime Museum)

2015 American Institute of Architects National Honor Award for Regional
and Urban Design (for The DryLine resiliency project)

2015 Global Holcim Award for Sustainable Construction, Bronze
 (for The DryLine resiliency project)[91]

2015 National Council of Structural Engineers Associations Awards,
Excellence Award in Structural Engineering (for Grove at Grand Bay)

2015 World Architecture Festival Future Project of the Year
(for Vancouver House)

 2016 American Institute of Architects Honor Awards, Regional
and Urban Design Award (for Smithsonian South Campus Master Plan)

2016 Building Design Magazine World Architecture 100 Awards,
2nd Most Admired Architectural Practice

2016 American Institute of Architects New York Chapter design Awards, Honor
 Award (for 2 World Trade Center)

2016 International Highrise Award, for VIA 57 West

## 設計作品

Islands Brygge Harbour Bath, Copenhagen (completed 2003)

VM Houses, Ørestad, Copenhagen (completed 2005)

Mountain Dwellings, Ørestad, Copenhagen (completed 2008)

Danish Maritime Museum, Helsingør, Denmark (u/c, completion mid-2013)

8 House, Ørestad, Copenhagen (completed 2010)

Superkilen, a public park in Copenhagen (completed 2011).

Amager Bakke, incinerator power plant and ski hill (2017 completion)

Europa City, Paris

Two World Trade Center New York City, office building (On hold, Larry Silverstein is in talks with News Corporation and 21st Century Fox to create a joint headquarters.)

サイト：BIG https://big.dk/#projects

　幼少期は漫画家になることを夢見ていたが、18歳になると建築の道に進むことを決意。物語を考えたり漫画的に絵を描くことが好きだった彼には、ペンで絵を描く建築学部の方が魅力的に見えた。最終的に、世界的に名門と言われるデンマーク王立美術院で建築を6年間学んだ。

　大学卒業後は、レム・コールハースのもとで1998年から2001年の3年間働き、その後地元コペンハーゲンに戻り同僚のジュリアン・デスメットとPLOTを設立。レム・コールハースはデコンストラクティビズムの代表的建築家で、彼のモダニズムとは一線を画す建築スタイルはここからも影響を受けたと考えられる。

　ビャルケ・インゲルスは47歳（2022年現在）という若さでありながら、ニューヨークの都市計画や超高層ビルの建築デザインを担当するなど、まさに破竹の勢いだ。（ちなみに建築界の巨匠、デコンストラクティビズム（脱構築主義）で有名なフランク・ゲーリーですら、マンハッタンに最初のビルが建ち始めたのが75歳。

　2011年、ウォールストリートジャーナルではイノベーターオブザイヤーに選ばれ、2016年にはタイム誌が彼を最も影響力のある100人の1人に指名した。

　デンマークでは 2000 年代に完成した、コペンハーゲン郊外の en:VMHouses と en:Mountain Dwellings という 2 つの革新的な集合住宅プロジェクトの設計で知られる。

　2021 年にはトヨタ自動車が静岡県裾野市に建設中の実験都市ウーブン・シティの都市設計を担うことが発表された。

## 彼の建築作品が見れるこのサイト：

https://search.yahoo.co.jp/image/search?p=Bjarke%20Ingels&ei=UTF-8
https://youtu.be/4Dbq2gSmpbU
https://youtu.be/YLZRUxPVLyA

スマホで関連サイトを閲覧できます

# アンドレイ・アダモヴィチ
誕生日等不詳

# ＆ダナ・マトコフスカヤ
誕生日等不詳

国　籍 ● ロシア
出身校 ● 不詳
所　属 ● A2M
受　賞 ● 不祥

# Andrey Adamovich
# & Dana Matkovskay

## 設計作品

ゾーヤ記念館

サイト　設計事務所 A2M https://a2m.moscow

https://zerobeyond.com/zoya-museum-moscow/

　あるサイトを見てこの 2 人のカップルを発見。しかも設計が素晴らしい。まるでファン・デル・ローエに通じる余計なものがない設計だ。

　僕はベルリンの壁が落ちた 1989 年の前後モスクワなどソ連に商談で出入りしていた時期があった（出張はニューヨーク駐在時代発が最初）。その後の混乱期をサラリーマンとして経験した。

　退職後の数年前ペテルスブルグで歓喜した美しい街。32. のロシアの建築家ヤヴェインを触れる中で、あのエルミタージュ美術館がロシアの建築家で内装を近代化しているではないか？ロシアにもこんなセンスの良い建築家がいるのかと驚いた。今回はこのかっこいい男女の建築家二人を紹介したい。

　設計事務所 A2M を立ち上げた若い 2 人の設計士は、最近ではもっとも大規模なものとされる軍事博物館の一つを設計した。モスクワ郊外のペトリシェヴォ村に作られた記念博物館は第 2 次世界大戦の英雄、ゾーヤ・コスモデミヤンスカヤに捧げられたもので、「ゾーヤ」と名付けられている。多くの評論家が、この博物館について、最近のロシアの建築物でもっとも印象深いものの一つと評している。

　まさにゾーヤはパルチザンとしてナチス・ドイツと戦い処刑された英雄だ。

　今時の世界情勢においてロシアについて政治議論はしたくないが、芸術とイデオロギーを分離する（つまり思想が悪くても芸術はスピリットとしての人間の魂の美学であるという捉え方）の僕の政治芸術分離思想である。ロシアの建築設計美学も素晴らしいものがある。

ソーヤ記念館　©zerobeyond.com

下記一見の価値あり。：
https://prorus.ru/interviews/rossijskie-proekty-v-long-liste-premii-
archdaily/?fbclid=IwAR2sSUwB-pEAQnbRqWdddNxN7sim5UhRyrYuR8GqC
yEZiQXMT4D-T4shqvg

スマホで関連サイトを閲覧できます

# 第 4 章

# 日本の建築家たち

　第1章でモダニズム建築の議論の中でコルビュジェなどを取り上げた際、僕が建築学科の学生時代、当時の日本で全盛期の活躍をしていた前川國男（まえかわ くにお、1905年5月14日〜1986年6月26日）や丹下健三（たんげ けんぞう、1913年9月4日〜2005年3月22日）磯崎新（いそざき あらた、1931年（昭和6年）7月23日〜）伊東豊雄（いとう とよお、1941年6月1日〜）を今殊更取り上げることは、専門書も多いことから遠慮させていただくこととして、むしろ現在、大活躍中の建築家を敢えて取り上げてみた。

　僕が学生当時もすでに代官山ヒルサイドテラスの設計でその洗練の極致のデザインに惚れ惚れした槇文彦（Fumihiko Maki）（1928年9月6日〜）は、まさに本書の日本の最高の洗練の建築意匠の父として、僕の好みの流れの本質として、この著作で例外として絶対に取り上げたかったほど僕が憧れた日本の建築家である。

槇　文彦　（Fumihiko Maki 1928年9月6日 -）
原　広司　（Hiroshi Hara 1936年9月9日 -）
谷口吉生　（Yoshio Taniguchi 1937年10月17日 -）
安藤忠雄　（Tadao Ando 1941年9月13日 -）
藤森照信　（Terunobu Fujimori 1946年11月21日 -）
隈　研吾　（Kengo Kuma 1954年8月8日 -）
團紀彦　　（Norihiko Dan 1956年2月11日 -）
妹島和世　（Kazuyo Sejima 1956年10月29日 -）
藤本壮介　（Sou Fujimoto 1971年8月4日 -）
石上純也　（Junya Ishigami 1974年4月10日 -）
合計10名

を取り上げることとした。

# 槙 文彦

**1928 年 9 月 6 日〜**

出身校 ● 慶應義塾大学工学部予科中退
　　　　東京大学工学部（学士）
　　　　クランブルック美術学院（修士）
　　　　ハーバード大学大学院（修士）

受　賞 ● 日本建築学会賞（1962、84 年）
　　　　毎日芸術賞（1969 年）
　　　　芸術選奨文部大臣賞（1974 年）
　　　　ウルフ賞芸術部門（1988 年）
　　　　紫綬褒章（1989 年）
　　　　プリツカー賞（1993 年）
　　　　UIA ゴールドメダル（1993 年）
　　　　朝日賞（1993 年）
　　　　村野藤吾賞（1998 年）
　　　　フランス芸術文化勲章オフィシエ（1998 年）
　　　　高松宮殿下記念世界文化賞（1999 年）
　　　　日本建築学会賞大賞（2001 年）
　　　　旭日中綬章（2007 年）
　　　　AIA ゴールドメダル（2011 年）
　　　　日本芸術院賞・恩賜賞（2013 年）

所　属 ● 槙総合計画事務所

# Fumihiko Mak

## 設計作品

サイト　Maki and Associates http://www.maki-and-associates.co.jp/firm/index_j.html

　まさに日本のモダニズム建築の最高峰である。彼のデザインは、洗練し尽くした構造の美学の結晶だろう。構造というのはエンジニアリングの意味合いで、ここで言っているわけでなく、例えばギリシャのアクロポリスが自然科学的数列の恩恵を受けた美学があるとするなら、槇文彦の美学はまさにシンプルな中に自然科学としてのマジックがその構造美を最高の人間の教養と知性の結晶のように輝かせているのだ。

　僕が学生時代からファン・デル・ローエを絶賛する気持ちはまさにこの日本人が誇るべき槇文彦にもそのまま当てはまるように思えるのだ。最高の品格はこの自分で作り上げた自身の高潔さ、最高の品格・品性を表していると思う。

https://vimeo.com/253823826

この動画は彼が語る装飾を否定して単純美を英語で語る彼の真骨頂だ！

　槇文彦の名言：

"I understand that, today, some developers are asking architects to design eye-catching, iconic buildings. Fortunately, I've not had that kind of client so far."

聞くところによると最近ディベロッパーたちが建築家にもう人目を引く、

偶像と言えるような派手な建物を設計してくれと言うらしい。

幸運にも僕はそんなお客さんに出会ったことはないんだよ！

　東京都出身であり、母方の祖父は竹中工務店の会長を務めた竹中藤右衛門。

　1941年（昭和16年）慶應義塾幼稚舎卒業。

　慶應義塾普通部を経て慶應義塾大学工学部予科を中退し、建築学科のある東京大学工学部建築学科に入学、1952年卒業。

　丹下健三の研究室で外務省庁舎のコンペを担当した後、アメリカ合衆国に留学。

　クランブルック美術学院およびハーバード大学デザイン大学院修士課程修了。

　ハーバード大学院時代はホセ・ルイ・セルトのスタジオで学ぶ。

　1954年に、スキッドモア・オーウィングズ・アンド・メリル、翌1955年には、セルト・ジャクソン建築設計事務所に勤務。

　その後はセントルイス・ワシントン大学とハーバード大学で都市デザインを講じた。

　1965年に槙総合計画事務所を設立。1979年-1989年に東京大学教授を務めた。

　渋谷区のヒルサイドテラスは旧山手通り沿いで数次にかけて実施したプ

ロジェクトであるが、10m 軒線を守り、用途地域が変わった第六期では、10m 以上の部分をセットバックさせている。

　現在に至るまで日本を含め、アメリカとヨーロッパで講演を続けている。2008 年には、建築と都市に関するエッセイ集 Nurturing Dreams（MIT Press）を出版。

## 作品集

https://search.yahoo.co.jp/image/search?p=fumihiko%20maki%20works%20of%20his%20design&ei=UTF-8&fr=appsfch2&x=nl

## 代官山　ヒルサイドテラス

https://youtu.be/hhMt1SCvYtg
https://youtu.be/kSeXNsD8EWA

# 原 広司
### 1936 年 9 月 9 日〜

出身校 ● 1959 年 東京大学工学部建築学科卒業
1964 年 東京大学大学院数物系研究科建築学
専攻博士課程修了（工学博士）
受　賞 ● 1983 年 ラヴィレット公園（仏）国際設計競技 入選
1986 年 LUMEN 賞
1986 年 日本建築学会賞 作品賞（田崎美術館）
1988 年 村野藤吾賞（ヤマトインターナショナル）
1988 年 サントリー学芸賞（空間＜機能から様相へ＞）
1993 年 日経 BP 技術賞 大賞（梅田スカイビル）
2001 年 ブルネル賞建築部門 激励賞（京都駅ビル）
2003 年 日本建築学会作品選奨（札幌ドーム）
2003 年 BCS 賞（札幌ドーム）
2013 年 日本建築学会大賞
所　属 ● 原広司＋アトリエファイ建築研究所

# Hiroshi Hara

## 設計作品

　日本の建築家で独創的な空間を作り出すこの建築家は凄いと思う。僕が勝手に想像するに、安保闘争時代の学生運動の闘士の容貌である。ちなみに、大江健三郎が友人であり、同じく東京芸大の全共闘の闘士だった北川フラムが原夫人の義弟であり、なかなか建築論も活発に語る、芸術家原広司の姿がある。

　我々世代よりひとまわり上の先輩の彼は、僕が建築科にいた時、あの全共闘が京都大学で日本共産党民青と死闘を繰り広げていた頃、建築学科には原広司の熱烈な信奉者がいた。

　しかし、装飾的なところもあり、シンプルを好む僕の趣味とは必ずしもピッタリ合うわけではないが、何か＜気になる＞創造性が、あることが彼の独特の建築設計に存在するのだ。

　原広司の思想は　https://www.10plus1.jp/monthly/2013/12/-02.php の討論会をご覧になれば、建築論として難解だが参考になると思う。原広司著『空間〈機能から様相へ〉』（2007 年、岩波現代文庫）について議論している。

　1993 年竣工の梅田スカイビル、大阪市にある地上 40 階・地下 2 階、高さ約 173 メートルの超高層ビル。2 棟の頂部を連結するように円形の空中庭園展望台を設置した構造となっており、その独特の形状から大阪のラン

梅田スカイビル　©webdesignmagazine.net

ドマークとなっている。イギリスの出版社ドーリング・キンダースリーが選ぶ「TOP 20BUILDINGS AROUND THE WORLD」のひとつとして、パルテノン神殿、コロッセオといった歴史的建造物とともに選出されるなど、世界的にも有名な建築だ。

　古都京都のイメージに合わない建築だと賛否両論を巻き起こしたことでも有名だが、約 4,000 枚ものガラスを用いたアトリウムの超巨大空間や、東西両脇に段々状のエスカレーターとフロアが積み重なる様子は「谷の建築」とも呼ばれ、近代建築の大胆な試みを随所に見ることができるのだ。
　梅田スカイビルのあの圧倒する未来都市のような SF 期待のビル、あの古い都京都の京都駅ビル、原の真骨頂と言える設計だ！
https://youtu.be/hf3JA6hoqnQ

　原の作品はこれから見れる：
https://webdesignmagazine.net/hiroshi-hara/
https://youtu.be/rgmoQMNgUFA

スマホで関連サイトを閲覧できます

# 谷口吉生

1937 年 10 月 17 日～

出身校 ● 慶應義塾大学工学部卒業
　　　　ハーバード大学デザイン大学院修了
親　　 谷口吉郎（父）
受　賞 ● 日本建築学会賞作品賞（1984 年・2001 年）
　　　　吉田五十八賞（1984 年）
　　　　村野藤吾賞（1994 年）
　　　　高松宮殿下記念世界文化賞建築部門（2005 年）

所　属 ●（丹下健三都市・建築研究所→）
　　　　（計画・設計工房→）
　　　　（谷口吉郎建築設計研究所→）
　　　　谷口建築設計研究所

# Yoshio
# Taniguchi

## 設計作品

https://www.biz-lixil.com/column/pic-archive/inaxreport/IR183/IR183_p17-35.pdf

https://hash-casa.com/2022/05/06/yoshiotaniguchiarchitecture/

Yoshio Taniguchi: The New Museum of Modern Art について谷口が英語で語る：

https://youtu.be/lyVJ2QAndOo

谷口吉生の建築哲学名言：

Architecture is basically a container of something. I hope they will enjoy not so much the teacup, but the tea.

建築とはそもそもものを中に入れる容器である。
だから人々はお茶を楽しむのであって
そのお茶の容器をそんなに楽しまないのだ！

When a project has an ample budget, I am interested now in using bigger units of materials.

豊田市美術館　©twitter.com@BotKenchiku

©museum.toyota.aichi.jp

プロジェクトに十分な予算がある場合、
僕は材料の部材に大きなユニットを用いることに興味がある。
（意訳すればこせこせした技でなく大スケールの迫力を好む）

When drawings of the main buildings I have designed in the last five years are juxtaposed, the fact that they all involve the pursuit of certain configurations is obvious to anyone.
僕がこの5年間設計した主な建築の図面を並置してみたら、
見る者は誰でも全ての図面がある種の設計思想を追求していることが
事実として理解できると考えている。
http://www.operacity.jp/ag/exh60/

スマホで関連サイトを閲覧できます

## 安藤忠雄
**1941 年 9 月 13 日〜**

出身校 ● 大阪府立城東工業高等学校
　　　　独学で建築を学び、1 年で建築士試験に合格。
所　属 ● 安藤忠雄建築研究所
受　賞 ● 日本建築学会賞作品賞（1979 年）
　　　　毎日芸術賞（1987 年）
　　　　日本芸術院賞（1993 年）
　　　　プリツカー賞（1995 年）
　　　　高松宮殿下記念世界文化賞（1996 年）
　　　　RIBA ゴールドメダル（1997 年）
　　　　AIA ゴールドメダル（2002 年）
　　　　京都賞思想・芸術部門（2002 年）
　　　　UIA ゴールドメダル（2005 年）
　　　　ジョン・F・ケネディセンター芸術金賞（2010 年）
　　　　後藤新平賞（2010 年）

# Tadao Ando

## 設計作品

この異色の経歴の建築家、確かに素晴らしい簡潔な美しさを作る稀有な才能がある。現代世界を代表する建築家の1人であり、このコラムで紹介せねばならない！

安藤の作品はこのサイトで見れる。

https://search.yahoo.co.jp/image/search?p=tadao%20ando%20architect%20%20works&fr=top_ga1_sa&ei=UTF-8&ts=12472&aq=-1&ai=35d6bbbd-9eda-4cc9-bb9a-7567ebc55e1c&x=nl

大阪市に生まれる。経済上の理由で大学に通えなかったため独学で建築を学び、1年で建築士試験に合格。

1965年　24歳。チェ・ゲバラに傾倒し、ガンジス川の川辺でゲリラとしての生き方を決意。この年より4年間、2度にわたり世界を放浪する。

＊ベネッセハウスミュージアム：

ベネッセアートサイト直島の中核施設として1992年に開館した「ベネッセハウスミュージアム」。「自然・建築・アートの共生」をコンセプトとし、大きな開口部から島の自然を内部へと導き入れる構造が特徴的だ。有名旅行誌『コンデナスト・トラベラー』の「次に見るべき世界の7ヶ所」特集で取り上げられるなど、世界的にも注目を集める建築。

＊光の教会：

茨木春日丘教会（大阪・茨木市）の礼拝堂として1989年に建てられた「光の教会」。安藤建築によく見られる打ち放しコンクリートの建物で、説教などを行う祭壇の後ろにある、壁面いっぱいの十字架状のスリット窓が非常に印象的だ。簡素ながら、祈りの場にふさわしい静謐さに満ちた空間となっている。

https://youtu.be/j70jmsq28P8

光の教会　©casabrutus.com

© 朝日新聞社

スマホで関連サイトを閲覧できます

# 藤森 照信
1946 年 11 月 21 日〜

出身校 ● 東北大学工学部建築学科　東京大学工学部大学院建築研究科
　　　　（近代日本建築史を研究）　工学博士
受　賞 ● 日本建築学会賞論文賞（1998 年）
　　　　日本建築学会賞作品賞（2001 年）
所　属 ● 縄文建築団　東京大学名誉教授、東北芸術工科大学客員教授。
　　　　東京都江戸東京博物館館長
著　作 ● 明治の東京計画
　　　　日本の近代建築
　　　　丹下健三

# Terunobu Fujimori

## 設計作品

　ユニークな発想とユニークな造形物。この手の建築は英国にそのオリジナリティがあるが、一見の価値ありだ。

　藤森が語るメルヘン　このサイトを見るのが良い：

https://artscape.jp/focus/10134091_1635.html

https://brutus.jp/fujimori_architecture/

1986 年　赤瀬川原平、南伸坊らと路上観察学会を結成。

1991 年　「神長官守矢史料館」で建築家としてデビュー。

2001 年　「熊本県立農業大学校学生寮」で日本建築学会賞（作品賞）を受賞。


藤森の作品：

＊タンポポハウス

1995 年、東京都国分寺市に藤森照信の自邸として建てられた「タンポポハウス」。屋根にタンポポを植えたことからこの名がついた。

故郷である諏訪の鉄平石が外壁全体に使われており、石の持つ強固な印象を持ちながらも、色や厚みがまちまちな鉄平石によって温かみや親しみが感じられる。


＊多治見市モザイクタイルミュージアム

岐阜県多治見市に 2016 年に開館した、地場産業であるモザイクタイルを紹介する「多治見市モザイクタイルミュージアム」。

　こんもり盛り上がった土の小山のような外観は、タイルの原料になる粘土を切り出す採土場を模したものである。上には、「タンポポハウス」のように木が生えている。ファサードにはタイルや茶わんのかけらがはめ込まれてキラキラと光り、童話のような木の小さなドアをあけると、土に囲まれた温かな空間が広がる。

タンポポハウス ©kousin242.sakura.ne.jp

　何歳になっても、子供心のある人間はいるが、この藤森もまさにそんな
無邪気さが、彼にしかないようなオリジナリティを生み出していると思う
と微笑ましい。

©artscape.jp

# 隈研吾
1954 年〈昭和 29 年〉8 月 8 日〜

| | |
|---|---|
| 出身校 ● | 東京大学大学院工学系研究科建築学専攻修士課程修了 |
| 受　賞 ● | 日本建築学会賞作品賞（1997 年） |
| | 村野藤吾賞（2001 年） |
| | リーフ賞（2008 年） |
| | 毎日芸術賞（2010 年） |
| | 芸術選奨（2011 年） |
| 所　属 ● | 隈研吾建築都市設計事務所 |

# Kengo Kuma

## 設計作品

公式サイト： https://kkaa.co.jp

　東京大学特別教授。高知県立林業大学校校長。岐阜県立森林文化アカデミー特別招聘教授。一般社団法人日本ウッドデザイン協会会長。

　1990 年代半ば以降（梼原座関連設計以降）、木材を使うなど「輪（日本）」をイメージしたデザインを旨としており、「和の大家」とも称される。 また、非常に多作、かつ歳を重ねてなお他ジャンルのデザインにも旺盛に取り組んでいる。

　東京大学卒業後、ニューヨークにあるコロンビア大学で学び、世界でさまざまなスケールで建築を設計することを決意。

　代表的な建築として東京にあるサントリー美術館、根津美術館、マルセイユの FRAC こと現代美術センター、スコットランドのヴィクトリア＆アルバート・ミュージアム ダンディなどがある。

　建物と土地の関連を見出し、地域独特の木や石といった天然素材をふんだんに使い、温かみと優しさのあるやわらかなデザインを表現するという建築哲学を持つ。

　隈研吾の建築哲学というか本質はこのサイト（動画など）がわかりやすい。
https://youtu.be/8Yli7A3thMs
https://www.tokyoartbeat.com/articles/-/kengo_kuma_new_public_space

国立競技場　©kkaa.co.jp

©www.shibukei.com

スマホで関連サイトを閲覧できます

# 團 紀彦
1956 年 2 月 11 日〜

出身校 ● 東京大学工学部建築学科ならびに大学院修士課程
所　属 ● Norihiko Dan And Associates / 團紀彦建築設計事務所
受　賞 ● 日本建築学会賞業績賞
　　　　吉岡賞
　　　　JIA 新人賞

### 設計作品

台湾桃園国際空港第一ターミナル

日月潭向山ビジターセンター（中国語：向山行政◯遊客中心）（2011 年台湾建築賞（中国語：台灣建築獎））

京都アクアリーナ

ヴィラ森井（第 1 回吉岡賞）

八丈島のアトリエ（1995 年日本建築家協会 JIA 新人賞）

# Norihiko Dan

日吉ダム周辺整備（1999年日本建築学会賞業績賞、2003年土木学会デザイン賞）

ウトコリミテッド室戸工場（2008年アルカシア建築賞ゴールドメダル）

台湾桃園国際空港第一ターミナル改修工事ビル（2014年台湾建築賞）

サイト　https://www.dan-n.co.jp

　1956年（昭和31年）、作曲家・團伊玖磨の次男として、神奈川県三浦郡葉山町に生まれた。

　神奈川県立湘南高等学校を経て、東京大学工学部卒業、さらに同大学院で学び、建築家・槇文彦に師事した。その後はイエール大学大学院に留学し、帰国後に建築設計事務所を設立した。

　槇文彦のあの無駄のない美学が僕にはこの建築家團紀彦のデザインの魂に影響を与えているのではないかと、だからこそこの團紀彦の建築に感銘している。

　建築設計活動のかたわら、土木と建築の融合や新町屋論など建築と環境の関係性の改善に関する主導的な提言を行っている。

　台湾桃園国際空港及び日月潭における国際コンペで一等を獲得、国内では日本橋室町東地区開発のマスターアーキテクトに指名されるなど国内外のプロジェクトの活動とともに、"共生媒体論"や"多元的世界と建築"等の造形論に関する論文でも国際的に注目される。2011年完成した日月潭「向山ビジターセンター」は台湾国内で高く評価され、日月潭の人気観光スポットともなった上、同年の「台湾建築賞」（日本の建築学会賞と相当する）が授与された。

　愛知万博の計画では初期の会場構想にかかわり、海上の森の保全をめぐっては環境保全を重視して新住事業など旧来の開発手法を厳しく批判した。この論争では後に長野県知事となる作家・田中康夫から取材を受けたのがきっかけとなり、同県で制定された「マスターアーキテクト」に指名されることとなった。現在は軽井沢町のマスターアーキテクトに任命されている。

　建築設計活動のかたわら、土木と建築の融合や新町屋論など建築と環境の関係性の改善に関する主導的な提言を行っている。

https://youtu.be/BayvbH1OHiY

（槇文彦との出会いと影響（都市と建物のアドリブの関係）、イエール大学

建築と大地を繋ぎ止める共生媒体

共生の図

台湾の日月潭風景管理処

では新古典主義建築の文法を徹底的に学んだ経験から建築／言語、都市／文章の関係を言語学的に捉えた街並み論に発展させた。
https://youtu.be/ddOfuUPjaYk

（台湾のプロジェクトを語る。「日月潭」の国際コンペに勝利　美しい人工湖の管理をする建物でその風景を壊してはならない、東洋的風景を生かす。その地形と建築、シナジー効果と建築と自然の調和を狙う。台湾の既存の良さを大屋根で覆い、機能として増大する空間ををを作った。構造的には鳥の翼のシルエットのイメージ、朝と夕方の空港の美しさ。ノスタルジーの思い出と新しい空間との記憶と時間の共生を狙った。槇文彦や黒川紀章のメタボリズムグループの愛弟子として多元性の概念と共生の思想を現代にさらに発展させようとチャレンジし続けている。（注）黒川紀章とは日本文化デザイン会議を通じて氏が亡くなるまで交流があった。）

熱っぽく、わかりやすく理路整然と語る建築家團 紀彦の素顔が見て取れる作品集

https://search.yahoo.co.jp/image/search?p=Norihiko%20Dan%20architect%20his%20works&ei=UTF-8

スマホで関連サイトを閲覧できます

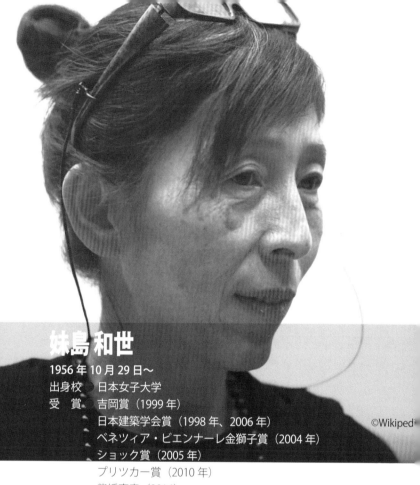

# 妹島 和世

1956 年 10 月 29 日〜

出身校　日本女子大学

受　賞　吉岡賞（1999 年）
　　　　日本建築学会賞（1998 年、2006 年）
　　　　ベネツィア・ビエンナーレ金獅子賞（2004 年）
　　　　ショック賞（2005 年）
　　　　プリツカー賞（2010 年）
　　　　紫綬褒章（2016）
　　　　銀の定規賞（2013）
　　　　芸術文化勲章オフィシエ（2010）
　　　　村野藤吾賞（2015 年）
　　　　第 33 回高松宮殿下記念世界文化賞　建築部門受賞（2022 年）

所　属●SANAA

©Wikiped

# Kazuyo Sejima

妹島和世建築設計事務所

## 設計作品

| | | | | | |
|---|---|---|---|---|---|
| 1991 | 再春館製薬女子寮 | 熊本県熊本市 | | | |
| 1992 | N-HOUSE | 熊本県熊本市 | | | |
| 1993 | パチンコパーラー I | 茨城県日立市 | | | |
| | パチンコパーラー II | 茨城県那珂町 | | | |
| 1994 | 森の別荘 | 長野県茅野市 | | | |
| | Y-HOUSE | 千葉県勝浦市 | | | |
| | S-HOUSE | 岡山県岡山市 | SANAA として | | |
| | 岐阜県立国際情報科学芸術アカデミー | | | | |
| 1997 | 熊野古道なかへち美術館 | 和歌山県 SANAA として | | | |
| | K 社本社屋 | 茨城県 | 日本 | SANAA として | |
| 1998 | ひたち野リフレひたち野うしく駅駅前利便施設 茨城県牛久市 | | | | |
| 1999 | オペーク・ギンザ | 東京都中央区外装デザイン | | | |
| | 飯田市小笠原資料館 | 長野県 | SANAA として | | |
| 2000 | 岐阜県営住宅ハイタウン北方 I 期 +II 期岐阜県北方町 | | | | |
| | saito | 東京都渋谷区 | | | |
| | 小さな家 | 東京都 | | | |
| | 江山閣 | 茨城県水戸市 | | | |
| | hhstyle.com | 東京都渋谷区 | | | |
| | 六ツ川地域ケアプラザ | 神奈川県 | SANAA として | | |
| | ヴェニス・ビエンナーレ第 7 回国際建築展 日本館『少女都市』会 | | | | |
| | 場構成 ヴェニスイタリア | SANAA として | | | |
| | プラダ・ビューティ プロトタイプ デザイン | | SANAA として | | |
| | プラダ・ビューティ 香港 Lee Garden 店 | 香港 | SANAA として | | |
| | イスタンブール・ビエンナーレ ガーデンカフェ | | イスタンブール | | |
| | トルコ SANAA として | | | | |
| 2002 | 朝日新聞山形ビル | 山形県山形市 | | | |
| 2003 | 梅林の家 | 東京都 | | | |
| | 下御門ビル | 奈良県奈良市 | | | |
| | ISSEY MIYAKE BY NAOKI TAKIZAWA | | SANAA として | | |
| | ディオール表参道 | 東京 | SANAA として | | |
| 2004 | 金沢 21 世紀美術館 | 石川県 | SANAA として | | |
| 2005 | 鬼石多目的ホール | 群馬県藤岡市 | | | |

251

| 2006 | 有元歯科医院 | 岡山県 | | |
| | ツォルフェラインスクールエッセン ドイツ SANAA として | | | |
| | トレド美術館ガラスパビリオン オハイオ SANAA として | | | |
| | ノバルティス製薬オフィスビル バーゼル SANAA として | | | |
| | 海の駅なおしま | 香川県 | 日本 | SANAA として |
| 2007 | スタッドシアター | アルメラ | オランダ SANAA として | |
| | ニューミュージアム | ニューヨーク SANAA として | | |
| 2008 | ガーデンコート成城 United Cubes | 東京都世田谷区 | | |
| | 大倉山の集合住宅 | 神奈川県横浜市 | | |
| 2009 | デレック・ラム NY ショップ ( クロスビーストリート ) デザイン | | | |
| | ニューヨーク | アメリカ | SANAA として | |
| | サーペンタインパビリオン ロンドン イギリス SANAA として | | | |
| | ROLEX ラーニングセンター ローザンヌ SANAA として | | | |
| 2010 | 葉山の小屋 | 神奈川県葉山町 | | |
| | 逢妻交流館 | 愛知県豊田市 | | |
| | 犬島「家プロジェクト」 | 岡山市東区 | | |
| | デレック・ラム NY ショップ ( マディソンアヴェニュー ) デザイン | | | |
| | ニューヨーク | SANAA として | | |
| 2011 | SHIBAURA HOUSE | 東京都港区 | | |
| | 日立駅自由通路及び橋上駅舎 茨城県日立市 | | | |
| | 石神井アパートメント | 東京都 | SANAA として | |
| 2012 | 土橋邸 | 東京都 | | |
| | ルーブル=ランス | ランス | フランス SANAA として | |
| | 東松島市宮戸島のみんなの家 宮城県 | | 日本 | SANAA として |
| 2013 | 京都の集合住宅 | 京都市 | 日本 | |
| | ヴィトラ・ファクトリー | ヴァイル・アム・ライン SANAA として | | |
| | 岡山大学 J ホール | 岡山県 | SANAA として | |
| 2014 | ヨシダ印刷東京本社 | 東京都墨田区 | | |
| | 總寧寺永代供養施設「無憂樹林」千葉県市川市 | | | |
| | 団子坂の家 | 東京都 | | |
| | 岡山大学パーゴラ | 岡山県 | SANAA として | |
| | 宮戸島月浜のみんなの家 | 宮城県 | SANAA として | |
| 2015 | なかまちテラス | | | |

| | | | | | |
|---|---|---|---|---|---|
| | 小平市立仲町公民館・仲町図書館東京都小平市 | | | | |
| | グレイス・ファームズ | ニューケイナン | アメリカ | SANAA として | |
| 2016 | Spring | | 茨城県大子町 | 茨城県北芸術祭出展作 | |
| | すみだ北斎美術館 | 東京都墨田区 | | | |
| | 直島港ターミナル | 香川県 | SANAA として | | |
| 2017 | 荘銀タクト鶴岡 | 山形県 | SANAA として | | |
| 2018 | 大阪芸術大学アートサイエンス学科棟 | | 大阪府河南町 | | |
| | 西武鉄道 001 系電車「Laview」 | | | | |
| | マルシャルファイヨール通りのアパートメントパリ　SANAA として | | | | |
| 2019 | 日本女子大学図書館 | 東京都文京区 | SANAA として | | |
| | 日立市市庁舎 | 茨城県 | 日本 | SANAA として | |

注：SANAA（サナア、Sejima and Nishizawa and Associates）は、妹島和世（せじまかずよ）と西沢立衛（にしざわりゅうえ）による日本の建築家ユニット。プリツカー賞、日本建築学会賞 2 度、金獅子賞他多数受賞。2013 年、棚瀬純孝、ユミコ ヤマダ、山本力矢をパートナーとした。

西沢 立衛（にしざわ りゅうえ、1966 年 - ）は、日本の建築家（一級建築士）。横浜国立大学大学院 Y-GSA 教授。(有) SANAA、(有) 西沢立衛建築設計事務所代表。プリツカー賞、日本建築学会賞作品賞 3 度、吉岡賞他多数受賞。

どの作品が妹島個人のものなのか、西沢とのユニットである SANAA としてのものかは確認していないが、とりあえず SANAA としても妹島が関わっているのでご容赦願いたい。

http://www.sanaa.co.jp/

　妹島和世は、茨城県出身の日本の建築家。横浜国立大学大学院 Y-GSA 教授、ウィーン応用芸術大学教授、ミラノ工科大学教授、大阪芸術大学客員教授、日本女子大学客員教授 を務める。

　彼女の作品を見ると、何か日本の静けさと落ち着きを感じさせるのが素晴らしい。直線あり曲線もこなせる能力は高く評価できる。とにかくスカッとしたセンスでモダニズムにも通じる。

　彼女の誰もが唸らされる傑作を 2 例紹介しよう。：
その 1、金沢 21 世紀美術館は：2004 年に開館。総ガラス張りの円形の建

大阪芸術大学アートサイエンス学科棟 ©bijutsutecho.com

物でどこが正面でどこが側面など一見して分からないレイアウトであり、それぞれ展示室が独立した立方体として美術館内に配置されている。ガラスを大胆に多用することにより建物内側から外部の風景がよく見渡せ、見学者は明るく開放的な空間を満喫できるのが素晴らしい試みだ。

その2、ニュー・ミュージアム・オブ・コンテンポラリー・アートは：米ニューヨークで1977年に開館した美術館で、2007年に移転・再開館した。（彼女と西沢の）SANAAとゲンスラーとのコラボである。不揃いな箱をず

らして積み上げたようなファサードが刺激的で前衛的だ。このように、ずらしてできた空間は、自然光を取り込むトップライトやテラスとして使われる工夫が面白い。2004年に開館。総ガラス張りの円形の建物で明確な正面を持たないのは金沢21世紀美術館と底通しており、ファッションから鉄道まで、建築という枠組みを軽々と飛び越え、広義のデザインの世界へと活躍の幅を広げている。これも新しいパラダイムであるメタボリズムの展開かもしれない。

妹島和世の建築哲学、人生哲学を下記からどうぞ

https://youtu.be/-qvwvBgBbO8?t=28
https://youtu.be/10MSRAvYDfg
https://search.yahoo.co.jp/image/search?p=妹　島　和　世 &ei=UTF-8&fr=appsfch2&x=nl
https://www.tjapan.jp/design_and_interiors/17196040/p4?page=1
http://cdc.tokyo/interview3.html
https://youtu.be/3cYVCboSVj0

妹島和世の名言。下記が彼女の建築哲学だと思っている。彼女の建築には惚れ込む心の安寧を感じるのが僕だけではないだろう！：

"物体"としてポンとそこにあるのではなく、
周りに手を伸ばして、周りを引っ張って……
そういうものにしていきたいと思って設計しました。
昔はもっと単純なものをつくっていましたが、
近年は以前より少し複雑な形になっていると思います。
たとえばですが、建物の周囲がきれいな公園であったとしても、
もう少し微細な部分部分を見てみると、ある所は道に近かったり、
ある所はそこからしか見えない風景に面していたりとか、いろいろな周囲がある。そういうものにもう少しバラバラに建築物が反応していってもいいのではないか。最近はそのほうが周りにつながっていくのではないか──と考えながらつくろうとしています。

建築は人を守るためのものという側面がありますから、
どうしても中と外を分ける輪郭をつくってしまいます。
でも、やっぱり人は街とか自然とか、気候とか歴史とか、大き
な環境のなかで生きているわけですから、それに触れる内部を
つくりたいと思うわけですね。そこをうまくつなげることによっ
て、快適で、さまざまな可能性がある場所をつくるというのが
建築のあり方なのではと思っているんです。

ああも使える、こうも使えるというのは、結局あること、
あるいはある物のためのベストの状態というのではない、
ということだと思うんです。
それはいまのフレキシビリティではないのでは。すごく閉じら
れた空間で、間仕切りをいくらでも変えられますと言われても、
変えたところであまり変わらないのではないかと思います。

むしろ、使いたくなる、使うことによってどんどんデヴェロッ
プできるというフレキシビリティ——例えば、戸を開けたらパッ
と日が差し込むというような面白さによって、みんな建築を楽
しく使っていくんだと思うんですよね。

スマホで関連サイトを閲覧できます

# 藤本 壮介
## 1971 年 8 月 4 日～

出身校 ● 東京大学工学部建築学科卒業
受　賞 ● JIA 新人賞（2004 年）
　　　　　日本建築大賞（2008 年）
所　属 ● 藤本壮介建築設計事務所
　　　　　東京大学特任准教授

### 設計作品

| |
|---|
| 情緒障害児短期治療施設 |
| house N |
| 武蔵野美術大学図書館 |
| サイト：藤本壮介建築設計事務所 |
| http://www.sou-fujimoto.net |

" 未来はプリミティブである。
そして、建築はそのプリミティブな未来に形を与えることができると思う
のである。藤本壮介 "

# Sou Fujimoto

49

https://spur.hpplus.jp/culture/topics/202008/22/lGMVcAl/
http://www.hetgallery.com/sosuke-fujimoto.html
https://sumika.casa/article/000010/

　東京大学の建築学科を卒業した1994年、23歳だった彼は、ル・コルビュジエとミース・ファ・デル・ローエの簡素で機能的な様式に強く惹かれていた。だがこれらの作品に想像力をかき立てられるだけで、具体的には何もできずただ途方にくれていた。大学で学んだ知識は十分とはいえず、建築の方向性は多岐にわたり、どれを目指したらいいかもわからなかった。

　"僕の心に沁みるのはもちろん彼のデザインする家の数々もあるが建築を勉強して2人の巨頭の様式に引かれたことで、僕も同様この2人には陶酔した思い出がある。彼は僕と異なり想像をするだけのニートの世界を経験して実際に建築家になったところだろう。僕は短気だから、すぐに諦めた。"

　彼の人生の浮き沈みがわかるので下記：

　1971年、北海道に生まれる。子どもの頃、自宅にあったガウディの写真集を見て衝撃を受ける。

　1994年、東京大学工学部建築学科卒業。卒業後はニート同然の状況下で、孤独に設計活動に勤しむ。

　2000年、青森県立美術館設計競技2位（優秀賞）受賞。これを機に建築家としてデビューし、藤本壮介建築設計事務所を設立。

　2008年「情緒障害児短期治療施設」で第1回日本建築大賞を受賞。

　2012年、イタリア・ヴェネツィア・ビエンナーレ第13回国際建築展金獅子賞受賞。

藤本の作品：

＊「House NA」（2011年に個人宅として建てられた）

いくつもの箱を積み上げたような構成で、建物を支える柱と床以外はすべてガラス張りとなっており、開放感に溢れている。
屋内は壁がなく、あちこちにオープンな部屋が点在している形となっており、住んでいる人同士の気配が自然に感じられる空間となっている。ガラ

HOUSE NA 2011　©project.biz

ス張りの外観は、1日の時間の流れの中で、また季節の流れの中で多彩な表情を見せる。

## ＊「House N」

2008年に個人宅として建てられた「House N」。白い箱型の建物に四角い間口が開けられ、三重の入れ子構造になっている。

最も内側の箱にだけガラスが入っており、いちばん外側の箱は半外部の庭という構造になっている。

四角く開けられた空間が重なる様子は雲のようにも見え、自然の中にいるような感覚を覚える。

藤本の作品はまさに僕自身が最も好きなタイプのガラスを利用した開放感と透明感。こういう建築家は日本の伝統文化を離れ、まさに自然発生的な日本の＜ファン・デル・ローエ＞と言える。本当にこんな建築家がポツッと出現すること自体、日本の文化なのかまさに突然異変なのかもしれない。

スマホで関連サイトを閲覧できます

# 石上純也

1974 年 4 月 10 日〜

出身校 ● 東京藝術大学大学院美術研究科建築専攻修士課程修了
所　属 ● 石上純也建築設計事務所
受　賞 ● 日本建築学会賞（2009 年）
　　　　ヴェネツィア・ビエンナーレ金獅子賞（2010 年）
　　　　2005 年 SD レビュー 2005 SD 賞

## 設計作品

神奈川工科大学 KAIT 工房

ボタニカルガーデン アートビオトープ『水庭』

サイト：石上純也建築設計事務所

http://jnyi.jp

# Junya Ishigam

まさに東京芸大ならで https://youtu.be/n1bGws5QR84
こその造形デザイン独創性。もう中年近くだが才人だ。世界に通用する日本の建築家と言える。彼の天才肌の、透徹したこの洗練が素晴らしい。ゴテゴテ下手くそな絵画を描くような建築家と言われる有象無象の自称建築家、能力のない建築家がすることだ！

彼の経歴は輝かしい。僕の美意識に合致する妹島和世（この書でも紹介）と接点があることがわかる。

2000 年　東京藝術大学大学院美術研究科建築専攻修士課程修了
2000 年　妹島和世建築設計事務所勤務
2004 年　石上純也建築設計事務所設立
2009 年　東京理科大学 非常勤講師
2010 年　東北大学大学院特任 准教授
2014 年　ハーバード大学デザイン大学院 客員教員

## 作品：

### ■「神奈川工科大学 KAIT 工房」。

　大学の創作活動専用の施設として 2008 年にオープンした、「神奈川工科大学 KAIT 工房」。大きな建物だが、全面ガラス張りで圧迫感がなく、軽やかな印象を与える。

　内部には総数 305 本の細く白い柱が林立し、屋根の荷重を支える。このランダムに並ぶ柱は、森の木立のようにも感じられ、緩やかに区切られた有機的な空間をいくつも生み出すことに成功した。

### ■ボタニカルガーデン アートビオトープ『水庭』

　那須山麓にあるホテル「アートビオトープ那須」は、隣の広大な敷地に 2018 年にオープンした、水と木々のアート空間だ。318 本の木々と大小 160 の池は、あるがままの自然の姿に見えるが、それは石上純也の緻密な計算によって生み出された「作品」であることがミソだ。樹木はもともとこの場所にあったのではなく、すべて隣の敷地から移植したものなのだ。

　視線を遠くに向けても木々が重なっておらず、奥行きと広がりが感じられる。

神奈川工科大学 KAIT 工房　©www.kajima.co.jp

©www.kait.jp

この庭を訪れたゲストは、木々の間を埋める池と苔に配された、迷路のような踏み石をたどりながら散策する。建築家の思う通りに役者は動く、建築家の醍醐味だ！

https://www.domusweb.it/en/architecture/2022/02/20/five-projects-to-understand-junya-ishigami.html
https://youtu.be/jEq9D6szyow

スマホで関連サイトを閲覧できます

# 終わりに

　僕は 1972 年に大学を卒業後、大手商社に入社し、プラント輸出関係の部に属し、2000 年の退社時まで海外畑で商社マンとして働いた。その中で 6 年余りのニューヨークの駐在もあり、また東京からの海外への出張の機会も年に 20 回くらいあったと記憶するが、現地では会社の仕事に専念したのは当然だが、土日などの空いた時間に、それぞれの国の文化・グルメなどに触れる時間を有効に活用しきた。

　その後、サラリーマンを辞めてからは全て自費で欧州を中心に、65 歳前後にパリに遊学した 1 年、さらに語学習得を目的に一箇所に 3 〜 4 週間ステイし（ちなみにイタリア語、ドイツ語、ポルトガル語、スペイン語、カタロニア語など）その地の文化に触れることに務めていた。ただ、あいにくコロナ流行の 2020 年初頭にポルトガル語とカタロニア語を習得のためにポルトとバルセロナを訪問したのを最後に、現在に至るまで海外旅行は自粛している。

　冒頭に書いたように、僕の青年時代の憧れは建築家だったが、それを断念してからも建物の造形を見たり装飾を見たりするのが僕の趣味であり、それなりの美的感覚とデザイン評価能力を含めた美意識はあるので、普通の人以上に海外に出た時は建築鑑賞を楽しんでいる。

　そんな長い経験から、本書を書くにあたって 50 人の世界の近代建築家、とりわけ日本人以外の 40 人について実際に設計作品を何度も何度も見るチャンスがあった。以下は、1 回限りで期待もしていなかった突然の出会いと感動した作品なども含まれるが、時系列の前後関係には一切構わず言えば、パリ、ペテルスブルグ、オスロ、レイキャビック、バレンシア、バルセロナ、ポルトが印象的で、本書にも取り上げている建築の代表的作品を、そのまま絵葉書にするのでは面白くないと思い、僕と建物のツーショットのあるものを中心にランダムに芸術的に展示してみた。いわば奥山建築美術館だ。

ポンピドゥー・センター

（1）　　パリ 3 作品
ルーヴル・ピラミッド
ポンピドゥー・センター
フォンダシオン・ルイ・ヴィトン

ルーブル・ピラミッド

　まさに世界一美しい街並み：（ルイ・ナポレオン後の）ナポレオン３世が、１８３１年権力がパリの大改造を決意し、ジロンド県知事であったオスマンを抜擢し、任に当たらせまた。老朽化して非衛生的な低所得者階級の住居地を建て替えるという公衆衛生上の理由だけでなく、街路拡張、上下水道、公園など公共施設を整備して 近代都市に造り替えるという高邁な意図があった。

　そこに大胆な近代建築が不思議なほどマッチしているケースが多い。ここで取り上げたいのは、９のイオ・ミン・ペイ設計のルーヴル・ピラミッドだ。この建造物は何度もなんども時間があれば僕が最も好きな屈指の世界建築物として訪れる。朝昼晩とそれぞれ趣があるのだ。

ルイ・ヴィトン財団美術館
https://snl.no/Fondation_Louis_Vuitton

　さらに本文にも書いたが、僕が余りの斬新世というかパリに公害を撒き散らす工場を建てたのかとパロディとして馴染めなかったポンピドゥー・センターは建築家 19. レンゾ・ピアノ、17. リチャード・ロジャースにて取り上げた。今はこの美術館は僕が 2 年に一度は訪れる素晴らしいスポットして展示物も楽しんでいるほどで、パリにマッチしているのだ。最近のものとしては、12. フランク・ゲーリーが設計したルイ・ヴィトン財団美術館「Fondation Louis Vuitton( フォンダシオン ルイ・ヴィトン ) がある。圧倒するこの美しいフォルム、現場に臨んでワクワクする高揚感さすがゲーリーの設計だ。

（2）　　　ペテルスブルブ 1 作品

　エルミタージュ美術館の近代化を実現したのは 34. ニキータ・ヤヴェイ
ンのハイセンス。これほど美しく近代化して見易い美術館を設計したこの
建築家を絶賛する。

（3）　　オスロ　1作品

　シュティル・トールセンの主催する建築集団 Snøhetta の作品　澄み切った美しい青空の下にこの洗練を極めたオペラ・ハウスにただただ言葉なく感動した。なんという美しさかなんという無駄のなさか　期待するでもなく偶然であったこの建築は僕にとってショッキングだった。

フィンランドの彫刻家ヨン・グナー・アーナソン
Jón Gunnar Árnason の< The sun voyager >

（4）　　レイキャビック　1作品

ハルパ・コンサートホール　11.ヘニング・ラーセンの最後の設計作品だ。
息を飲む光の演出の美しさは水面に反射する建物とともにこの世のものと
は思えない感動を呼ぶ。

（5）　バレンシア　2作品

31. サンティアゴ・カラトラヴァは地元出身、数理系に強く構造計算に長けている。したがって凝りに凝った曲線美が特徴で圧倒される。アラメダ橋に芸術科学都市は圧巻だ。

（6）バルセロナ　1作品

3. ミース・ファン・デル・ローエのパビ
リオン　ため息が出る、まさに　"Less is
More" の極限の美だ。

（7）ポルト　1作品

23. レム・コールハースのカサ・ダ・ムジカ（コンサート・ホール）　ポルトでポルトガルを習得のために訪れた時の僕の写真。

独創性

　歴史的建造物の保存修復においては架構の構造補強、並びにそれを実現するための合理的な施工システムが必要とされ、候補者は鋼構造を用いた修復手法の系統的な研究開発を行ってこれらの問題に対する新しい解決方法を提唱し、建築保存工学の分野で目覚ましい実績をあげた。その業績は下記の3つに要約される。

### 1．鋼構造技術の構造補強への応用

　歴史的建造物の構造部材は多年にわたる継年変化によって耐力低下や著しい変形を生じ、あるいは過去の修理における改変などによって美観や安全性を損ねている場合が多い。このため、例えば木造建造物では解体修理に際して、適切な構造補強を施すことによって創建当初の姿に修復する必要が生じ、煉瓦造建築物などでは意匠性を損うことなく耐震性を確保することが重要な課題となる。

　これらの保存修復に際し、候補者は構造補強における鋼構造技術の優位性に着目し、これを駆使して文化財としての価値を損なわない種々の構造補強法を開発した。一例として、国宝東福寺三門の鉄骨構木構造や重要文化財清水寺三重塔のサスペンション構法による補強、また煉瓦造の鉄骨耐震補強として重要文化財同志社彰栄館・同礼拝堂などが挙げられる。これらの新しい手法を用いて初めて古材や当孝刀の架構形式を完全に復元保存することが可能となった歴史的建造物も多い。

### 2．飼構造を利用した修理工事施工システムの開発

　候補者は歴史的建造物の修理工事において、須屋根や足場の架設、解体・部材運搬、再組立などの工程に揚重機や運搬設備などに鋼構造の新しい建設工事システムの考え方を応用発展させ、保存修理事業の作業効率と安全性の向上に大きく貢献した。例として、国宝東大寺大仏殿、国宝東福寺三門、重要文化財西本願寺阿弥陀堂の大修理等での鉄骨須屋根を中心とする工事システムの開発を挙げることができる。また、これらの工事では地下遺構を保存するため、須屋根の置基礎構法や、薬師寺西塔などでは SRC 造基

壇を開発導入した。また、類例の少ない近代 RC 造建築を修復した旧山邑家住宅も特筆に値する。

3. 伝統木構造の復原

　候補者は伝統木構造の復原の分野においても、建築史の専門家や大工棟梁と共同して構造工学の分野から復原架構の構造設計に協力関与するとともに、伝統構法の構造強度を評価するための数多くの構造実験を指導した。例として薬師寺伽藍復興工事、沖縄県首里城正殿、平城宮朱雀門などが挙げられる。

波及効果・社会的貢献

　従来は主として経験に裏付けられていた歴史的建造物の構造修復の分野に、候補者は建築構造学的な分析手法を導入することによって、単に修理技法のみならず木構造を始めとする伝統構法を構造技術史的な立場から評価するという新しい視点に立った研究手法を広めた。また, 古建築の構法や古材を可能な限り保存するため、一方では高張力鋼、ステンレス鋼材、炭素繊維、硝子繊維などの新素材を積極的に採用し、そのための技術開発を行うなど、将来の建築構造の技術革新に対する貢献も大である。

業績の範囲

　歴史的建造物の保存修復は通常, 国や地方公共団体と所有者が協力して実施され、また個々の修理工事における構造補強については、建築史や文化財の専門家との綿密な協議の もとに進められる。ここに業績として列記した建造物は何れも候補者が候有, 考構造面での 責任者として指名され、主導的な立場において推進されたものであり、また日本を代表する歴史的遺産として評価されるものである。

代表的業績（着工順）

| 建物名称 | 所在地 | 着工年 | 俊工年 | 構造・内容 | |
|---|---|---|---|---|---|
| 国宝<br>東福寺三門 | 京都府<br>京都市 | S48年 | S53年 | ・鉄骨須屋根<br>・木造架構の<br>　構造補強 | |
| 国宝<br>東大寺金 堂<br>(大仏殿)<br>昭和大修理 | 奈良県<br>奈良市 | S49年 | S55年 | ・鉄骨須屋根<br>・構造補強 | |
| 薬師寺<br>伽藍復興事業 | 奈良県<br>奈良市 | S50年 | 継続中 | ・木造建物の<br>　復原 | |
| 重要文化財<br>同志社彰栄館 | 京都府<br>京都市 | S54年 | S56年 | ・煉瓦造建物の<br>　構造補強 | |
| 重要文化財<br>西本願寺阿弥陀堂 | 京都府<br>京都市 | S55年 | S56年 | ・鉄骨須屋根 | |
| 重要文化財<br>清水寺三重塔 | 京都府<br>京都市 | S59年 | S61年 | ・鉄骨須屋根<br>・木造建物の<br>　構造補強 | |
| 重要文化財<br>旧山邑家住宅 | 兵庫県<br>芦屋市 | S60年 | H元年 | ・RC建物の<br>　構造補強 | |
| 重要文化財<br>同志社礼拝堂 | 京都府<br>京都市 | S62年 | H２年 | ・煉瓦造建物の<br>　構造補強 | |
| 重要文化財<br>金剛証寺本堂H大修理 | 三重県<br>伊勢市 | H元年 | H６年 | ・木造建物の<br>　構造締強 | |
| 重要文化財<br>新鳥旧邸修復 | 京都府<br>京都市 | H２年 | H４年 | 木造建物の<br>構造柿倣 | |

| 特徴 |
|---|
| ・大型揚重機を有する鉄骨須屋根システムの開発<br>・鉄骨桔木システムによる古材の保存<br>・さし肘木による面戸の損傷修復の為の鋼板補強法の開発<br>・大虹梁の鉄骨補強による古材の修復工法の開発 |
| ・大スパン鉄骨架構の採用<br>・スライド工法による鉄骨建方<br>・大規模な置基礎による地下遺構の保存工法<br>・自動搬送システムによる運搬の合理化<br>・トルク検出法によるJIS六角高力ボルトの軸力制御電動レンチの開発 |
| ・西塔のSRC基壇による地下遺構の保存<br>・木造復原架構の構造補強計画 |
| ・煉瓦造建物の鋼構造による耐震補強工法の開発<br>・鋼板耐震パネル工法の採用<br>・鉄骨フーチング工法の開発 |
| ・大規模鉄骨須屋根<br>・置基礎工法の採用 |
| ・層塔の軒部の吊り構造による構造補強工法の採用<br>・SUS317ステンレス鋼の採用<br>・ステンレス製ターンバックルの常温焼付防止のための表層処理法の開発 |
| ・組構造とRC造の併用構造の基礎のジャッキアップと構造補強<br>・急傾斜地盤での基礎のアンダビニング<br>・劣化したRC架構の修復補強の実施 |
| ・煉瓦造建物の鉄骨構造補強<br>・煉瓦造埋設大回径鉄筋と碇聯鉄の併用補強法の開発<br>・アーチ部の鋼板補強法の開発<br>・ガラス繊維を用いた煉瓦壁体の構造補強 |
| ・基礎再地業の実施<br>・軟弱地盤補強 |
| ・炭素繊維補強による木造床組の保存と構造補強 |

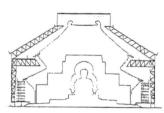

国宝　東大寺大仏（奈良県奈良市）

国宝　東福寺三門（京都府京都市）©tabi-mag.jp

重要文化財　同志社 彰栄館（京都府京都市）
©www.hotetu.net

重要文化財　清水寺三重塔（京都府京都市）

（注）写真は最新のものに変えた

文献リスト（共著者）

1 論文
1.l Structural Reinforcement Of Wooden Buildings
Proceedings of ISCRCP, Wood, pp.97-125, 1977.
1.2 Structural Reinforcement Of Historic Wooden Temples in Japan
APT, V01.X II , No.1, pp.75 － 91, 1980.
1.3 Repair Works On the Main Pavilion at Tohdaiji Temple
IABSE SYIVIPOSIUM VENEZIA 1983, Strengthening of Building Structures －
Diagnosis and Therapy,
pp.433 － 440, 1983.
1.4 層塔の構造形式に関する力学的な考察 －鉄骨による構造補強を巡って －
建築史学 , 第 13 号 ,pp.51 － 75,1986 年 9 月 ( 西澤英和 )
1.5 0n a New Technique for the Reinforcement of Brick Structures
Proceedings of the international seminar on modem principles in corlservation
and restoration Of urban and rural cultural heritage in seismic prone
regions,Copje,Yugoslavia,1988.(H. Nishizawa)
1.6 鉄骨による文化財建造物の構造補強について ( 清水寺三重塔の場合 )
日本建築学会計画系論文報告集 , 第 399 号 ,pp.125-131,1989 年 5 月 ( 西澤英和 )
1.7 重要文化財　旧山邑家住宅の構造デザインに関する一考察
建築史学 , 第 17 号 ,pp.25 － 47,1991 年 9 月 ( 西澤英和、 平田文孝 )
1.8 重要文化財　同志社礼拝堂の構造デザインと構造補強について
－煉瓦建築の鉄骨 による耐震補強の試み－
建築史学、第 20 号、pp.30 － 53、1993 年 3 月 ( 西澤英和 , 平田文孝 )

2.　報告
2.1 重要文化財 同志社礼拝堂の煉瓦壁体加振実験報告、1988 年 3 月
2.2 舞鶴市北吸地区煉瓦倉庫第 2 棟の予備調査報告書、1991 年 3 月
2.3 アサヒビール株式会社吹田工場創業時のビール醸造工場建物に関する学術調
査報告書
(旧 : 有限責任大阪麦酒吹田村醸造所　現 : アサヒビール株式会社吹田工場 ) 1990
年 10 月
2,4 (舞鶴海軍軍需部煉瓦倉庫群第 1 棟) 旧舞鶴軍兵器廠魚形水雷庫保存学術調査

報告書、1992 年 3 月

2.5 みなとみらい 21 赤レンガ倉庫保存活用検討報告書・概要編、同・資料編、1992 年 3 月

2.6 同志社新島襄旧邸宅　炭素繊維による木造床の構造補強について、1992 年 4 月

2.7 歴史的建造物の振動観測 ( 木造層塔と煉瓦建築の常時微動測定 )
都市耐震センター研究報告、第 8 号、pp.83 - 101,1994 年 4 月 ( 西澤英和 )


3. その他

3.1 東大寺大仏殿における明治大修理の鉄骨補強実態調査にあたって
JSSC,Vol.13,No.134,pp.14 - 17,1977 年 2 月

3.2 日本の古建築とその構造
Structure, Journal of JSCA,No.6,pp.3 - 13, 1983 年 4 月

3.3 鉄骨構造の保存工学への応用について 一層塔建築物の保存修復を巡って
季刊カラム ,110 号 ,pp.89-97,1988 年 10 月

3.4 鉄 骨構造の保存工学への応用　一洋風煉瓦造の重要文化財構造物の耐震補強について ( その 1)
季刊 カラム , 113 号 ,pp.71-78, 1989 年 7 月

3.5 鉄骨構造の保存工学への応用 一洋風煉瓦造の重要文化財構造物の耐震補強について ( その 2)
季刊 カラム、114 号、pp.21 - 28,1989 年 10 月

3.6 古建築の保存修理の最近の話題 一文化財建造物の構造補強への新繁材の利用について
Structure, Journal of JSCA, No.44, pp.27 - 29, 1992 年 10 月

1946 年、佐賀県に生まれる。 1969 年、京都大学工学部建築学科卒業。1971 年、同大学院修士課程修了。1971 年、株式会社 竹中工務店に入社。 1973 年、同社退社・八島建設株式会社入社。1974 年、同社退社・クラレ不動産入社。1980 年、同社退社後、大内・立石建築事務所を開設。1991 年、株式会社 立石構造設計を開設し、現在に到る。

## 興福寺中金堂再建への道

　興福寺が現在地に建立されたのは、西暦７１０年の奈良遷都と同時期で、ここには中金 堂・東金堂・西金堂の３つの金堂が建立されていた。現存するのは五重塔の隣に建つ東金堂のみである。伽藍配置の中核となる建物である中金堂は、焼失再建を繰り返し、本再建計画で８度目の建立となる。

　１７１７年の焼失後、仮金堂はあったが、興福寺の長年の祈願であった中金堂の再建は、３００年ぶりに古代の姿を再現すべく、建設が進んでいる。１３００年前の伽藍配置を再現することが終局の祈願だが、最初に中金堂の再建が計画された 。創建当時、中金堂は中門と回廊に囲まれていた。本整備計画は、中門と回廊の遺構表示を礎石で行うに留めている。

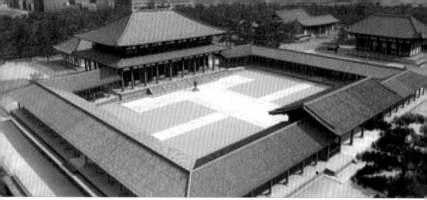

### 中金堂の再建理念

　興福寺は、堂宇の焼失再建する際に、創建当時の姿を忠実に再現してきたと言われている。一方、東大寺はその時の最新技術で再建してきたのと対照的である。中金堂の再建は、興福寺境内整備計画の一環として、有識者による『興福寺境内整備委員会』が組織され、中金堂再建計画はその子委員会として『中金堂建設委員会』（座長鈴木嘉吉先生・構造指導　金多潔先生）が組織され、両先生の指導により計画が進んだ。

　古代の姿そのままに再現するとは謂え、現在遺構として残っているモノは、礎石（奈良時代創建当時の礎石）版築と雨落ち溝、瓦のかけらくらいしかない。同時代の建物として現存する類似物件は、唐招提寺金堂のみであり、あとは文献等で考証して、計画が進められた。

　大凡の規模は、平屋建３００坪の木造建築だが、軒高ＧＬ＋１５ｍ、最高高さＧＬ＋２２ｍであり、大型木造建築に該当して、構造計算ルートは限界耐力計算または時刻歴応答解析に限定される。

　柱には、直径が８００φ高さ１０ｍの柱が３６本、直径６５０φ高さ６ｍ足らずの円柱 ３０本で構成される。これだけの大木で、かつ良材を集めるのに国産材では不可能で、柱材はアフリカのカメルーンからアフリカケヤキと称するアパを、横架材や小屋組材垂木等はカナダの米ヒバを使用している。千年の未来に残すお堂を、と丈夫で長持ちする建造物を目指した。

### 中金堂の構造設計

　本再建計画において、建築行政手続きに関する最大の難題は防災規定であった。準防火地域というおまけもついて、木造でこの規模の建物を計画するのは無理かと思わざるを得ない、と追い詰められたが、奈良市は民間建物では全国初の建築

（注）軒の両側に反り設けると、中央部が水平であれば目の錯覚で中央はつり上がって見え、軒先は波打った印象になる。その補正のために、中央は水平でなく少し下げられている。

基準法3条の適用に向けて建築審査会を開催され、建築基準法の各規定を適用しないという法3条の適用措置を決定してもらった。ただ、構造は、現行法規の要求する性能を満たすことを確認して欲しい、と条件付けられ、日本建築センターで性能評価してもらうことになった。国土交通大臣の認定は不要となる。

　構造設計の役割は、日本建築センターの性能評価取得が大半を占めると言っても過言ではない。架構形式や構成方法および部材のサイズも古式に則って決まるので、それが現行法規や近年の構造性能の検証法に照らして抵触しないかを確かめることが、主な作業であった。

　具体的な方法は、部材全てを架構モデルに組み込んだ立体架構を非剛床で非線形増分解析と時刻歴応答解析により常時鉛直荷重時と地震時の解析を行った。

　平成20年11月に日本建築センターの評価を取得したが、当時は地震時の層間変形角に関するクライテリアは、中地震時（レベルⅠ）で1／60、大地震時（レベルⅡ）で1／30であった。現在の日本建築センターでの内規は中地震時1／120であり、伝統木造には厳しい規定に強化されている。

### おわりに

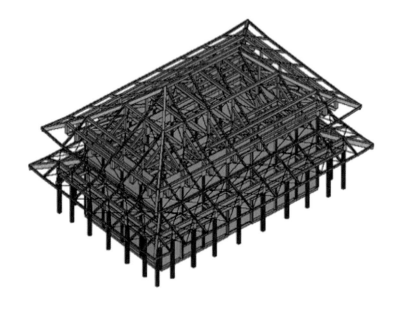

　千年の未来に残す建物をつくるという事業に参加でき、再建にかける興福寺の方々の切なる願いや設計施工関係者達の熱意を身近に感じて、建築への想いを新たにした有難い経験であった。

　具体的な事例を一つ。軒の反りは上下だけでなく前方に突出している。そのため中央部は水平ではなく、水平にすれば中央が吊り上がり波打って見える目の錯覚を補正して、少し下げられている。大工さんをはじめとして古代建築に携わる人達には常識の、このことを知らないのは私だけであった。

重要文化財　旧神戸居留地15番館 災害復旧指導（金多先生＋西澤先生）

重要文化財　同志社クラーク記念館　指導・金多先生

重要文化財　地蔵院本堂（三重県関町）指導・金多先生

奈良国立博物館重要文化財 仏教美術資料研究センター指導・金多先生

国宝　姫路城大天守　指導・金多先生

重要文化財
萬福寺松陰堂（宇治市）
現場担当・浅井健一さん

国宝　平等院鳳凰堂（宇治市）　指導・甲津先生

興福寺中金堂再建　指導・金多先生

本能寺本堂（京都市）
指導・金多先生

289

■ 著者略歴

奥山篤信（おくやま・あつのぶ）

映画評論家、文明評論家。1948 年、神戸市出身。1970 年、京都大学工学部建築学科卒業。1972 年、東京大学経済学部卒業。1972 〜 2000 年まで米国三菱商事ニューヨーク本社を含め三菱商事に勤務。2014 年、上智大学大学院神学研究科修了（神学修士）。2014 年よりパリ・カトリック大学（ISTA）に留学。『超・映画評〜愛と暴力の行方』（2008 年、扶桑社）、『僕が選んだ世界の女優 50 選』（2020 年、春吉書房）、『エモーショナルな東京五輪観戦記』（2021 年、春吉書房）など著書多数。毎月『月刊日本』に映画評論を連載、その他『WiLL』に寄稿している。

僕が選んだ近代建築家５０傑
建築芸術を愛する男の夢

2022 年 11 月 10 日　初版第一刷発行

著　者　　奥山篤信
発行者　　間　一根
発行所　　春吉書房
　　　　　〒 810-0003
　　　　　福岡市中央区春吉 1-7-11　スペースキューブ 6 F
　　　　　TEL：092-712-7729　fAX：092-986-1838
装丁・組版　佐伯正繁
印刷・製本　モリモト印刷株式会社